桥梁建筑

Introduction to Bridge Architecture

胡盛 编著

人民交通出版社股份有限公司

北京

内 容 提 要

本书简要回顾了国内外桥梁建筑的生成,以及桥梁理论、技术、结构体系、材料、装备、工艺等方面的发展历程和最新成就;应用建筑学原理,全面分析了桥梁建筑与人、桥梁建筑与社会、桥梁建筑与自然的相互影响和作用,总结归纳了桥梁建筑的美学法则和形式美规律;按照建筑学的创作思维方式,归纳提出了桥梁建筑构思的引导原则和方法,以及构思创作的实际案例,并列出了一系列比较典型的桥梁建筑造型。

本书可辅助大学桥梁工程相关专业的高年级本科生和研究生全面了解桥梁建筑及其构思方法,可为从事桥梁勘察设计工作的工程师们提供一定的帮助和支持,也可为桥梁建设的决策者和管理者提供一定的参考。

图书在版编目(CIP)数据

桥梁建筑概论／胡盛编著. — 北京：人民交通出版社股份有限公司, 2023.11
ISBN 978-7-114-19055-1

Ⅰ.①桥… Ⅱ.①胡… Ⅲ.①桥梁工程—建筑艺术—概论 Ⅳ.①U44

中国国家版本馆 CIP 数据核字(2023)第 207794 号

Qiaoliang Jianzhu Gailun

书　名：	桥梁建筑概论
著 作 者：	胡　盛
责任编辑：	侯蓓蓓　张江成
责任校对：	赵媛媛　卢　弦
责任印制：	张　凯
出版发行：	人民交通出版社股份有限公司
地　　址：	(100011)北京市朝阳区安定门外外馆斜街 3 号
网　　址：	http://www.ccpcl.com.cn
销售电话：	(010)59757973
总 经 销：	人民交通出版社股份有限公司发行部
经　　销：	各地新华书店
印　　刷：	北京市密东印刷有限公司
开　　本：	787×1092　1/16
印　　张：	13.75
字　　数：	200 千
版　　次：	2023 年 11 月　第 1 版
印　　次：	2023 年 11 月　第 1 次印刷
书　　号：	ISBN 978-7-114-19055-1
定　　价：	90.00 元

(有印刷、装订质量问题的图书,由本公司负责调换)

桥梁建筑概论  AUTHOR ABSTRACT

　　胡盛，正高级工程师，注册土木工程师，中国工程咨询协会专家，东南大学兼职研究员。1987年毕业于湖南大学土木系，2005年获华中科技大学建筑与土木工程专业硕士，现任中国公路工程咨询集团有限公司副总工程师。长期从事高速公路、桥梁工程的勘察设计和研究工作；主要从事专业和研究方向为公路总体、桥梁、立体交叉、运行安全和环境保护等，并形成总体和桥梁专业方面的技术特长，精通桥梁结构设计及施工技术。主持完成了云南瑞丽至孟连高速公路勐糯怒江特大桥（主跨800m钢桁梁悬索桥）、都香高速公路金沙江大桥（主跨340m独塔钢混斜拉桥）、沙湾大桥（主跨248m PC部分斜拉桥）、宁夏银川永宁黄河大桥（主跨260m PC斜拉桥）、海南铺前大桥（工可和初步设计）、苏龙珠黄河大桥（220m跨钢管混凝土拱桥）、潜江汉江大桥（主跨200m PC部分斜拉桥）、开平东环大桥（主跨180m预应力混凝土独塔斜拉桥）、东明黄河大桥、富春江大桥、苏嘉杭高速公路苏州高架桥等百余座大型桥梁的勘察设计。主持完成了G314线新疆库车至阿克苏高速公路（260km）、G7611都匀至香格里拉高速公路守望至红山段（97km，2座10km特长隧道,1座跨金沙江大桥)、京珠国道主干线番禺至坦尾段、广州东新高速公路、绥满国道主干线海拉尔至满洲里一级公路、淮江高速公路、厦门海沧大桥西引道工程、虎门大桥太平互通式立交等五十多个大型公路项目的勘察设计。作为项目负责人和专家组长,主持完成了G6青海省扎麻隆至倒淌河段高速公路改扩建工程、海南省中线琼中至五指山至乐东高速公路等十多个国家重点工程项目的代部审查工作,以及100多个高速公路项目的咨询审查工作。参与了行业标准《公路立体交叉设计细则》(JTG/T D21—2014)和团体标准《公路桥梁斜拉索及吊索防护用聚氟乙烯缠包带》(T/CHTS 20010—2021)的编写工作,参与制订中华人民共和国交通行业《公路桥梁通用图》,发表论文17篇,参编"厦门海沧大桥建设丛书"。主持或参与的项目分别获得国家和省部级科技进步奖9项;国家和省部级优秀勘察设计奖20余项、优秀QC成果奖2项;获国家专利4项。

桥梁建筑概论  PREFACE

　　桥梁是人类征服大自然所创造的、跨越江河湖海和山谷的建筑结构物，已问世数千年。随着对大自然的认知水平的不断提高和加深，人类改造大自然的能力也不断增长，桥梁结构已经形成以梁桥、拱桥、斜拉桥和悬索桥四大桥型为主体的现代化桥梁结构体系。桥梁作为一种永久性的公共建筑物，不仅在于实现跨越、连通的功能，还具有广泛的社会性，能够体现科学和艺术、技术和社会的关联性。近年来，随着大批不同结构形式的桥梁的兴建，除了要求桥梁能够满足功能性以外，还对桥梁独特的景观美学、艺术价值和社会价值提出了更高的要求。通过桥梁建设，展现现代科学技术美的特质，凸显桥梁与周边环境相协调的景观美，建立人-环境-桥梁间的和谐美，以达到促进社会精神文明建设的目的。在此背景下，国内一些大学陆续开始设立和讲授"桥梁美学"课程，进一步推动了桥梁美学的发展。

　　《桥梁建筑概论》一书的作者胡盛先生是位在桥梁工程界从业三十多年的正高级工程师，该书是他多年来在工程中对实践桥梁美的学习心得和经验总结。全书回顾和总结了国内外桥梁建筑的生成和发展历程，应用建筑学原理全面分析了桥梁建筑与人、桥梁建筑与社会、桥梁建筑与自然的相互影响和作用，归纳了桥梁建筑的美学法则和形式美规律；按照建筑学的创作思维方式，总结了桥梁建筑构思的引导原则和方法，提出了通过寻找最优的结构比例与造型、平衡与和谐，趋向更合理的受力性能、更经济的结构和更方便的施工，使之形成一种最优化的体系环境，借此创造和设计优美的桥梁设计方案。作者突出了应采用建筑学的思维方式和创作方法，进行高水平、高质量的桥梁设计方案构思的思路，并在书中通过实际案例对该过程进行了解析和展示。该书可为从事桥梁勘察设计工作的工程师们提供借鉴，为桥梁建设的决策和管理者提供参考。

百花齐放，它山之石，可以攻玉。

中国工程院院士

2023 年 10 月 23 日

桥 梁 建 筑 概 论　　FOREWORD

　　随着科学技术、材料和装备的不断发展，人们已经能够修建跨径3000m以内的巨大桥梁工程，跨越江河湖海、山川峡谷等，极致体现了桥梁建筑的实用功能，也成功建成不少经典的桥梁工程。但是，目前国内桥梁工程大多只是依靠桥梁结构工程师进行方案构思，鲜见建筑师的参与和配合，常常给人以笨拙、呆板、缺乏灵魂的感觉，无法进一步满足人类社会和自然环境对桥梁工程艺术上更高层次的心理期望和需求。

　　虽然国内一些大学已陆续开始讲授"桥梁美学"等课程，但桥梁建筑的艺术和技术价值，不是桥梁美学和景观设计所能完全实现的，亟须进一步研究建筑学原理，用建筑学的思维创作方法，进行高水平、高质量的桥梁方案构思。桥梁设计师应从社会、人文、历史、哲学、政治、文化、艺术、美学、生活习惯和生产力发展水平等多角度，从地理、地形、水文地质和构成桥梁建筑的基础、墩、塔、梁、索缆等，以及建筑材料、工艺、装备等多方面，去积极探索桥梁建筑的艺术价值、技术价值和社会价值。

　　本书共七章，第一章提出了采用建筑学原理指导桥梁方案构思的必要性和重要性。第二章简要回顾了国内外桥梁建筑的生成和发展历程。第三章应用建筑学原理，全面分析了桥梁建筑与人、桥梁建筑与社会、桥梁建筑与自然的相互影响和作用。第四章和第五章分别总结归纳了桥梁建筑的美学法则和形式美规律。第六章按照建筑学的创作思维方式，归纳提出了桥梁建筑构思的引导原则和方法，以及构思创作的实际案例。第七章列出了一系列比较典型的桥梁建筑造型。

桥梁建筑为人所需、为人所造、为人所用、为人所鉴，需要反映当地的历史、文化、生产等社会生活，并应具备反映社会意识形态、反映时代精神的社会责任和历史担当。桥梁建筑也是环境的一部分，既要利用自然环境，也要保护自然环境，更高追求是能够创造出令人心情愉悦的"人工环境"，给人们带来积极的心理满足；并应通过寻找最优的结构比例与造型、平衡与和谐，趋向最合理的受力性能、最经济的结构和最方便的施工，使之构建成一种最优化的体系环境，促进社会文明与进步。这也是作者最大的希望和目标。

感谢桥梁工程界、桥梁美学界，以及建筑学界近几十年以来在理论和实践方面的不断探索和创新创作，为本书提供了坚实的基础和有力支撑。由于作者水平有限，敬请桥梁工作者批评指导。

2023 年 6 月 18 日　北京

桥梁建筑概论

目录 CONTENTS

壹 概述 / 1
    1.1 建筑学通义 / 1
    1.2 桥梁建筑学意义 / 4

贰 桥梁建筑生成与发展 / 11
    2.1 概述 / 11
    2.2 中国桥梁发展简史 / 13
    2.3 西方桥梁技术发展 / 44

叁 桥梁建筑作用要素 / 57
    3.1 桥梁建筑与人 / 57
    3.2 桥梁建筑与社会 / 68
    3.3 桥梁建筑与自然 / 85

肆 桥梁建筑美学法则 / 98
    4.1 概述 / 98
    4.2 桥梁建筑美学素质 / 103
    4.3 力学法则 / 107
    4.4 视觉法则 / 108
    4.5 社会法则 / 112
    4.6 自然法则 / 113

伍 桥梁建筑形式美规律 / 118

5.1 概述 / 118
5.2 多样与统一规律 / 119
5.3 主从与重点规律 / 120
5.4 稳定与动势规律 / 120
5.5 韵律与节奏规律 / 121
5.6 对称与均衡规律 / 122
5.7 比例与尺度规律 / 123

陆 桥梁建筑构思 / 126

6.1 桥梁建筑构思引导原则 / 126
6.2 桥梁建筑构思的产生与途径 / 127
6.3 桥梁建筑构思过程 / 135
6.4 桥梁建筑构思案例 / 140

柒 桥梁建筑造型 / 154

7.1 梁桥造型 / 154
7.2 拱桥造型 / 167
7.3 斜拉桥造型 / 175
7.4 悬索桥造型 / 183
7.5 立交桥造型 / 192
7.6 特色桥梁造型 / 203

参考文献 / 205

1　概述

1.1　建筑学通义

建筑学(Architecture),从广义上来说,是研究建筑物及其周围环境的学科,同时也是一门横跨工程技术和人文艺术的学科,旨在总结人类建筑活动的经验,以指导建筑设计创作,构造某种体系环境。建筑学的内容通常包括建筑艺术和技术这两个方面,建筑艺术还包括了美学的一面和实用的一面,美学和实用虽有明确的不同但又密切联系,并且其分量随具体情况和建筑物的不同而大不相同。

目前全球大学本科建筑类专业一般包括建筑学、城乡规划、风景园林等专业。建筑学专业培养的毕业生具备建筑设计、城市设计、室内设计、市政设计等方面的知识和专业技能,能在设计部门从事各项设计工作、在房地产部门从事建筑策划与管理工作,是具有多种职业适应能力的通用型、复合型高级工程技术人才。

建筑设计往往是在建筑地点、建筑类型及建筑造价三者之间的抉择中进行的。因此,建筑设计是对于环境、用途和经济上的条件和要求加以运筹调整和具体化的过程。这种过程不但有其实用价值,而且有其精神价值,因为任何一种社会活动所创造的空间布置都将影响人们在其中活动的方式。

传统建筑学的研究对象包括建筑物、建筑群以及室内家具的设计,风景园林和城市村镇的规划设计。随着建筑事业的发展,园林学和城市规划逐步从建筑学中分化出来,成为相对独立的学科。

建筑学服务的对象不仅是自然的人,而且也是社会的人;不仅要满足人们物质上的要求,而且要满足他们精神上的要求。因此社会生产力和生产关系的变化,政治、文化、宗教、生活习惯等的变化,都密切影响着建筑技术和艺术。

桥梁建筑概论

古希腊建筑以端庄、典雅、匀称、秀美见长,既反映了城邦制小国寡民,也反映了当时兴旺的经济以及灿烂的文化艺术和哲学思想;古罗马建筑的宏伟壮丽,反映了国力雄厚、财富充足以及统治集团巨大的组织能力、雄心勃勃的气魄和奢华的生活;拜占庭教堂和西欧中世纪教堂在建筑形制上的不同,原因之一是基督教东、西两派在教义解释和宗教仪式上有差异;西欧中世纪建筑的发展和哥特式建筑的形成是同封建生产关系有关的。封建社会的劳动力比奴隶社会昂贵,再加上在封建割据下,关卡林立、捐税繁多,石料价格提高,促使建筑向节俭用料的方向发展。同样以石为料,同样使用拱券技术,哥特式建筑用小块石料砌成扶壁和飞扶壁,这同罗马建筑用大块石料建成的厚墙粗柱在形式上大相径庭。

此外,建筑学作为一门艺术,自然受到社会思想潮流的影响。这一切说明建筑学发展的原因、过程和规律的研究绝不能离开社会条件,不能不涉及社会科学的许多问题。

建筑学是技术和艺术相结合的学科,建筑的技术和艺术密切相关,相互促进。技术在建筑学发展史上通常是主导的一方面,在一定条件下,艺术又促进技术的研究。

就工程技术性质而言,建筑师总是在可行的建筑技术条件下进行艺术创作的,因为建筑艺术创作不能超越技术上的可能性和技术经济的合理性。埃及金字塔如果没有几何知识、测量知识和运输巨石的技术手段是无法建成的。人们总是使用当时可资利用的科学技术来创造建筑文化。

现代科学的发展,建筑材料、施工机械、结构技术以及空气调节、人工照明、防火、防水技术的进步,使建筑可以向高空、地下、海洋发展,为建筑艺术创作开辟了广阔的天地。

建筑学在研究人类改造自然的技术方面和其他工程技术学科相似,但是建筑物又是反映一定时代人们的审美观念和社会艺术思潮的艺术品,建筑学有很强的艺术性质,在这一点上和其他工程技术学科又不相同。

建筑艺术主要通过视觉给人以美的感受,这是和其他视觉艺术相似之处。建筑可以像音乐那样唤起人们某种情感,例如创造出庄严、雄伟、幽暗、明朗的气氛，使人产生崇敬、自豪、压抑、欢快等情绪。汉初萧何建造未央宫时说"天子以四海为家，非壮丽无以重威"，可以说明这样的问题。德国文学家歌德把建筑比喻为"凝固的音乐"，也是这个意思。

但是建筑又不同于其他艺术门类，它需要大量的财富和技术条件、大量的劳动力和集体智慧才能实现。它的物质表现手段规模之大，为任何其他艺术门类所难以比拟。宏伟的建筑建成不易，保留时间也较长，这些条件导致建筑美学的变革相对迟缓。建筑艺术还常常需要应用绘画、雕刻、工艺美术、园林艺术，创造室内外空间艺术环境。因此，建筑艺术是一门综合性很强的艺术。

建筑设计是建筑学的核心，指导建筑设计创作是建筑学的最终目的。建筑设计是一种技艺，古代靠师徒承袭，口传心授，后来虽然开办学校，采取课堂教学方式，但仍须通过设计实践来学习。

有关建筑设计的学科内容大致可分为两类：一类是总结各种建筑的设计经验，按照各种建筑的内容、特性、使用功能等，通过范例，阐述设计时应注意的问题以及解决这些问题的方式方法；另一类是探讨建筑设计的一般规律，包括平面布局、空间组合交通安排，以及有关建筑艺术效果的美学规律等。后者称为建筑设计原理。室内设计是从建筑设计中分化出来的，它主要研究室内的艺术处理、空间利用、装修技术及家具设计等。

建筑构造是研究建筑物的构成、各组成部分的组合原理和构造方法的学科，主要任务是根据建筑物的使用功能、技术经济和艺术造型要求提供合理的构造方案，指导建筑细部设计和施工，作为建筑设计的依据。

建筑历史研究建筑、建筑学发展的过程及其演变的规律，研究人类在建筑历史上遗留下来有代表性的建筑实例，从中了解前人的有益经验，为建筑设计汲取营养。建筑理论探讨建筑与经济、社会、政治、文化等因素的相互关系，探讨建筑实践所应遵循的指导思想以及建筑技术和建筑艺术的基本规律。建筑理论与建筑历史两者之间有密切的关系。

建筑物理研究物理学知识在建筑中的应用。建筑设计应用这些知识，为建筑物创造满足使用者要求的声学、光学、热工学的环境。建筑设备研究使用现代机电设备来满足建筑功能要求，建筑设计者应具备这些相关学科的知识。

另外,所谓生态建筑学(Acologies)或称建筑生态学(Arcology),是建立在研究自然界生物与其环境共生关系的生态学(Ecology)理论基础上的建筑规划设计理论与方法;或者换言之,是探索地球上生命活动功能均衡发展的生态学延伸于建筑学领域的一个分支,反映现代建筑思潮的价值取向。

根据现代科技的成就,生态建筑学在依据自然生态系统创造人工生态系统过程中,应实现能量和物质流的平衡,即生态平衡原则。所谓能量流,即能量流动,应包括太阳辐射的平衡、温度的平衡及风能、水能的集聚与转化等;而物质流,即物质循环,应包括一切自然资源,如土地资源、水资源、森林资源等。

自然界有其自身存在和运行的普遍规律,即"天道"。人是自然的有机组成部分,人伦道德或行为准则即为"人道"。人不能违背天道行事,更不能仗恃人力同自然对抗,必须自觉地去主动认识、把握和顺应自然规律,达到"天人合一"的至善境界来满足人生需要。中国古代传统建筑一般按照阴阳五行、八卦九宫一类的宇宙图式来规划经营宅居环境,表征天人合一或天人感应的信仰,形成了中国古代建筑的显著性格和基本精神。无论皇宫、庙宇等重要建筑,还是集中在城市里或散布于田园中的房舍,都常常显现出一种对宇宙图案的感觉,作为一种关于方位、节气、风向和星宿的象征主义。

综上所述,当代生态建筑学是从整体有机联系上以生态规律来揭示并协调人、建筑与自然环境和社会环境的相互关系。其实施手段,更以当代科学技术的物质条件为重,来实现人在自然生态系统下构建人工生态系统,以其间的具体的、物质的交流,争取达到最优关系。

1.2　桥梁建筑学意义

2020年10月15日下午,中国工程院院士、重庆大学钢结构工程研究中心主任周绪红在虎溪校区大剧场给土木工程学院2020级本科新生上了"土建大类概论与研讨"第一课,课程主题为"土木工程的发展与展望"。周绪红院士以时间为轴线，先后介绍了国内外土木工程学科在桥梁、大厦、隧道、堤坝四种建筑类型的发展历程和各个阶段所取得的创新突破和重大成就，引领在场师生更加深入地了解到国内外土木工程学科的发展轨迹。

然而土木工程不仅包含"桥梁、大厦、隧道、堤坝"这四种建筑类型，港口、铁路、公路、机场、电力油气通信管线、筑岛、海上钻井平台、水利设施等都应该属于土木工程大类。而目前全球的建筑师大多数都服务于"大厦"，即工业与民用建筑，进行建筑艺术创作。其他大类的土木工程特别是桥梁工程，基本上都是依靠桥梁结构工程师们来进行建筑方案的设计，缺少了建筑师的参与和合作，对各种可能方案的比较做得不够，往往留下桥梁建筑艺术上很多尤感不足的遗憾，给人以笨拙、呆板和粗糙而缺乏灵魂的感觉。

18世纪末，以英国技术革新为标志的工业革命改变了整个物质生产领域的面貌，随后出现了以自然物质规律为研究对象的各种学科以及相应的教育体系。科学的明细分工以及追求结构上的纯理性主义，使科学和艺术、专业技术和艺术脱节。科学家、工程师注重于科学实验、发明创造，且分工越来越细，对艺术创造已无力兼顾。而艺术家则认为艺术是高尚的，是感情的产物，工程技术只是"雕虫小技"，孤独地沉湎于感情境界的象牙塔中，深深地陷在超越现实世界的虚无境界中。这种技术与艺术的疏远，使本来含有艺术概念的技艺到了被局限于只讲技术的境地，特别是工业化的大生产和追求高效率，往往与美背道而驰。大部分土木工程师养成了以结构达到建筑物功能目的为唯一要求，甚至认为艺术要求是对设计思想的干扰，是建筑物不经济的根源。反之，建筑师及艺术家们又认为工程师不懂艺术，对新材料、新结构横加指责，导致了工程师与建筑师之间的争执。对于规模宏大结构外露的悬臂式钢桥，建筑师却宣称：在铁制的东西中没有建筑艺术。时至今日对埃菲尔铁塔与福斯桥（图1-2-1）等，人们已不再去挑剔那些繁杂落后的结构细节，而是注重它外观的气势，歌颂当年的首创精神和克服困难与压力的毅力，已经把它们看作代表各自国家历史里程碑的成功之作。而由此也引发了在建筑美学思想与观念上的改变，进一步注意到正在形成的技术美学思想。

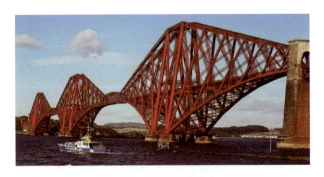

图 1-2-1　福斯桥

随着 19 世纪科学进步与发展,传统的建筑观念不时被工程师采用新材料、新结构、新技术所打破。人们在物质生活水平提高的同时,也需要更完美、更完善的建筑结构以满足精神上的需求。因而技术与艺术必须完美地结合成为建筑艺术发展的必然趋势。1941 年英国工程师学会通过一项正式决议:"美学处理,必须是土木工程师的职能范围"。1944 年英国剑桥大学提出:"建筑师必须有工程师的头脑,工程师必须有建筑师的头脑"。工程师必须是一个自觉掌握艺术规律、具有美学修养的人。瑞士的世界名桥萨尔基那桥,如图 1-2-2 所示,为空箱截面三铰拱桥的代表。该桥跨径 90m,其拱厚从拱脚到四分点(1/4 处)逐步增加,再到拱顶又减薄,打破传统结构梁、柱、墩的形式和石拱桥笨重的构造,以薄板组成变化的空心截面拱,不仅经济、合理、创新,而且获得了轻巧、优美的外观。弗雷西奈毕生致力于发展预应力混凝土,第二次世界大战以后需要重建被破坏的桥梁,他在马恩河上建成了一系列双铰拱、预制节段预应力混凝土桥,其中之一就是阿曼特桥,如图 1-2-3 所示。该桥梁简洁美丽、柔和空透,取得了极大成功。

图 1-2-2　萨尔基那桥

图 1-2-3　阿曼特桥

从 19 世纪末到 20 世纪初,新的建筑思想促使设计观念完全更新,形成以建筑师为首包括工程师、工业设计师、工艺美术师在内的设计大军,把美学设计领域扩展到整个人造世界,出现了重视技艺的工业艺术设计和与之相应的美学理论——技术美学。工业产品与艺术相结合的设计,其内容包括广泛的艺术设计,以及设计者的特殊精神劳动和创作方法,它是工程师、建筑师、艺术家等各方面的综合设计活动,设计目标就是为了创造具有高度审美价值的理想、可行的产品方案,使产品的实用、经济、美观三者更好地结合起来,达到有机的统一。技术美学要求把美学运用于广泛的生产技术领域,它研究的问题还涉及物质产品的生产过程中有关人、社会、经济等诸多因素。因而除了技术与美学的交叉外,技术美学还与社会学、经济学、管理学、心理学、生产工艺学、人体工程学、教育学以及艺术学有十分密切的关系。技术美学思想的形成一开始就与建筑密切相关,是新建筑思潮的指导思想,自然也影响到桥梁建筑。随着高速公路的问世与交通事业的迅猛发展,公路美学、桥梁美学应运而生,并受到各国土木工程界的广泛关注。1936 年德国的弗里茨·莱昂哈特与卡尔·舍希特勒合著了《桥梁造型》一书。而到 20 世纪 80 年代,弗里茨·莱昂哈特经过几十年的实践与积累,又出版了自己的另一部专著《桥梁建筑艺术与造型》并深刻影响了世界桥梁工程界。1978 年,国际桥梁工程学会根据弗里茨·莱昂哈特的请求,创建了"结构工程美学"特别小组,向全世界提倡注意桥梁美学。建于 1963 年的德国费曼恩海峡桥就是弗里茨·莱昂哈特的作品,如图 1-2-4 所示,这是一座立体结构的"提篮式"

钢拱桥,主跨248.4m,钢拱双肋于拱顶相靠,吊杆为网状钢索,桥墩由上向下缩窄宽度,使桥梁整体以动态形象浮现于开阔的海面之上,既均衡稳定又充满了动感,为世人所推崇。

图 1-2-4　费曼恩海峡桥

我国武汉长江大桥、南京长江大桥等,在桥梁设计中对桥头建筑及引桥进行了多种方案的比选,坚持"适用、经济,在可能条件下注意美观"的建设总方针,桥梁雄伟壮观,技术先进、举世瞩目,成为我国建桥史上的里程碑。遗憾的是随后的"文化大革命",爱美求美成为"修正主义",在建筑美学思想上也引起极大混乱。改革开放带来了经济繁荣、科技飞跃,也带来了公路与桥梁建设的飞速发展。桥梁美学在这一时期也引起普遍重视,我国先后出版了著名桥梁结构与美学专家唐寰澄先生的《桥》及樊凡先生的《桥梁美学》等影响较大的著作,还在许多高等院校相关专业开设了"桥梁美学"课程。

桥梁建筑是随着经济发展带来的交通需要和经济与科学技术的可能而发展的,从一个侧面反映一个国家生产、经济与科学技术的发展程度。中国古代木桥、石桥和铁索桥都长时间保持世界领先水平,在桥梁发展史上曾占据重要地位,为世人所公认。欧洲经过文艺复兴之后,于18世纪暴发第一次工业革命,欧洲率先进入工业社会,从根本上改变了近代西方文明的历史,促进了西方大规模的铁路桥梁建设。迄今为止,以英国不列颠尼亚箱梁桥(跨径141m,1850年)、美国布鲁克林悬索桥(跨径486m,1883年)及英国福斯悬臂桁架桥(跨径520m,1890年)为标志的桥梁建筑,仍然散发着西方早期工业文明的气息。

1 概述

我国自 20 世纪 70 年代末改革开放以来，随着国民经济的快速发展、综合国力的显著提高，交通建设得到迅猛发展。现代高速公路上星罗棋布的立交桥和高架桥，城市中川流不息的高架交通网络，几公里至几十公里长的跨江、跨海大桥等大批工程促进了我国桥梁技术的快速发展与进步。桥梁跨径不断突破、桥型不断丰富，结构不断轻型化。杨浦大桥、南京长江二桥重新确立了我国在世界桥梁工程界的地位，润扬长江公路大桥、苏通大桥、杭州湾跨海大桥、港珠澳大桥、沪通长江大桥等充分展示了东方古国向桥梁强国迈进的雄心壮志。桥梁类型多，跨径突破大，技术进步快是这一个时期桥梁建设的突出特点，我国的桥梁技术总体上进入了国际先进行列，成为世界上的桥梁大国。随着新理论、新技术、新工艺、新材料、新装备在现代桥梁中的大量应用，国内外的桥梁技术发展日新月异。结构可靠度理论、三维空间有限元分析手段、结构耐久性研究、美学景观设计、抗风和抗振结构设计、新型复合材料等在桥梁设计中得到应用和普及。但是，我国桥梁工程学科发展还存在不少挑战，在满足需求、科技创新、可持续发展和解决工程耐久性四个方面仍存在较大问题，在高性能工程材料突破性发展、桥梁工程基础理论研究和设计技术、桥梁工程领域科技含量、桥梁工程产业化技术、桥梁美学和工程管理水平等方面与国外仍有较大差距。我国桥梁工程未来的发展思路：应当采取可持续发展理念，大力发展基础理论，优化设计方法、建造技术和行业软件，探索新结构体系、新形式、新理论、新方法，采用新材料、新技术、新工艺、新装备、新软件，加强信息化管理和智能化应用，以实现多学科交叉融合、产学研跨界结合、高新技术综合应用，推动我国桥梁工程科技创新全面系统地走在世界前列。

大桥不仅是交通系统的重要组成部分，而且还是一座标志性建筑物。人们大多期望在通过大桥的同时，能够体验到十分雄伟壮美的愉悦享受，获得心理满足。过去，我国桥梁设计的总方针：适用、经济、在可能条件下适当照顾美观。随着我国经济实力的增强，人们对环境和景观的要求也在不断提高，桥梁的景观美学设计应成为日益重要的基本原则，但仅仅依靠桥梁结构工程师自身提高审美情趣和艺术素养，来使每一座桥梁都成为美化环境、给人民群众带来欢愉的优美艺术品往往是不够的。

桥梁建筑概论

　　国外的桥梁工程师都长期和建筑师合作,特别是在多方案比较的概念设计阶段,桥梁的美学评定往往是十分重要的因素。在一些大跨径桥梁的国际设计竞标中,美学评价甚至会超过技术指标成为决定性因素。而桥梁建筑作品的艺术和技术价值,也不仅仅是一个桥梁美学和景观设计所能完全表达清晰的,需要将其提升到更高层次的建筑学学科程度,从社会人文历史、哲学、政治、文化、宗教、艺术、美学、生活习惯和生产力发展水平等多角度,从地理、地形、水文地质和构成桥梁建筑的基础、墩、塔、梁、索缆等,以及建筑材料、工艺、装备等多方面,去积极探索桥梁建筑的艺术价值、技术价值和社会价值。通过寻找最优的结构的比例与造型、平衡与和谐,趋向最合理的受力性能、最经济的结构和最方便的施工,使之构建成为一种雄伟壮美的最优化的体系环境。

　　在这种背景下,为了提高我国桥梁建筑的技术和艺术水平,积极开拓设计思路,也为了适应中国特色社会主义新时代的高效率、高水平、高质量、创新性和可持续性发展,迫切需要建立桥梁建筑学分支学科,积极培养我国桥梁工程专业建筑师,应用建筑学原理,采用建筑学创作思维方式,创作出能够代表和反映这个时代社会人文和生产力发展水平的伟大桥梁建筑作品,极大丰富人民的物质和文化生活,满足全体中国人民对美好生活的向往和需求。桥梁建筑传世之作,也必将为后人留下宝贵的物质和精神财富。

2 桥梁建筑生成与发展

2.1 概述

按照《辞海(第六版)》(上海辞书出版社,2009年出版)的定义,桥梁是一种架空的人造通道。其由桥身、桥面、桥墩、桥台和基础等组成。桥梁按用途不同可分铁路桥、公路桥、铁路公路两用桥、人行桥、管道桥和渡槽等;按桥身的结构不同可分梁桥、拱桥、刚架桥、悬索桥、斜拉桥和浮桥等;按造桥材料不同可分木桥、石桥、砖桥、铁桥、钢桥、混凝土桥、钢筋混凝土桥和预应力混凝土桥等。(这里的"桥身"指的是桥梁上部结构主要的承力结构,一般是指梁式桥和斜拉桥的主梁、拱桥的主拱圈、悬索桥的加劲梁等。)

桥梁,不仅是专业名称,也是一个被人们赋予了很多文化内涵的优美词语,例如:沟通人际间情感与思想的桥梁、世界人民友谊的桥梁、七夕银河的鹊桥……,无不点亮人们心中最美好的愿望。而世间真实有形的桥梁,则刚劲壮美,沟通江河湖海、峡谷山涧,使人员、物资得以广泛交流,世界更加通畅,更加美好。

桥梁是一种既普通又特殊的建筑物,亦是一种"体系环境"。普通是因为它随处可见,是道路跨越河谷、山涧之必需;特殊是因为它结构复杂而且难以建造。桥梁设计建造依赖于科学技术水平和经济实力,并服从于政治、经济、军事等诸多社会条件。各个时代,桥梁在不同的经济发展水平下具有各异的发展趋势,产生不同的结构形式,留给后人以实用、欣赏和研究,更造福于人类,促进人类社会不断向前发展。桥梁建造是由多门学科构成的一个系统工程,桥梁规模大小各异,构造简繁无序,组织管理、设计施工、材料和设备等均缺一不可。人们在不断总结失败的教训与成功的经验中发展桥梁建设。桥梁建筑在一定程度显示出整个社会文明和生产力的发展水平以及建造者的聪明才智。

"中国现代桥梁之父"茅以升采用射水法、沉箱法、浮运法等创新技术两次修建钱塘江大桥(图2-1-1);罗布林家族用两代人(一家三人父、子、媳)的传承造就了布鲁克林桥(图2-1-2),如今,这座"一根手指敲击出的大桥"——近代钢悬索桥的代表作依然在美国纽约东河屹立不倒……,记载着不被艰难境遇打败的罗布林家族的胜利与荣耀。

图 2-1-1　钱塘江大桥

图 2-1-2　布鲁克林桥

举世闻名的赵州桥(图2-1-3 和图2-1-4),是一座位于河北省石家庄市赵县城南洨河之上的石拱桥,因赵县古称赵州而得名。当地人称之为大石桥,以区别于城西门外的永通桥(小石桥)。赵州桥建造时间为隋朝开皇十四年(594 年)至大业二年(606 年),历经 12 年,由匠师李春设计和参与建造,后由宋哲宗赵煦赐名安济桥,并以之为正名,距今已经有一千四百多年了。

图 2-1-3 赵州桥

图 2-1-4 赵州桥全景

赵州桥是世界上现存年代久远、跨径最大(37.02m)、保存最完整的单孔坦弧敞肩石拱桥,其建造工艺独特,在世界桥梁史上首创"敞肩拱"结构形式,具有较高的科学研究价值;唐朝的张嘉贞说赵州桥"制造奇特,人不知其所以为"。其雕作刀法苍劲有力,艺术风格新颖豪放,显示了隋代浑厚、严整、俊逸的石雕风貌,桥体饰纹雕刻精细,具有较高的艺术价值。赵州桥在中国造桥史上占有重要地位,对全世界后代桥梁建筑有着深远的影响,体现了古代劳动人民的智慧和才干,是我国宝贵的历史文化遗产。

2.2 中国桥梁发展简史

2.2.1 中国古代桥梁

民族的文化、民族的风格总是不可避免地融进桥梁建筑之中。以中国哲理指导建造出的古代桥梁建筑就具有独特的民族艺术性,产生了区别于其他各国、各民族的风格。中国古代桥梁的辉煌成就曾在世界桥梁发展史中占有重要的地位,为世人所公认。

(1)蹬步(踏步桥)。蹬步早在公元前23世纪的尧舜时代就已出现,这类桥式虽可达到跨河越谷的目的,但它并不具备桥梁的本质,桥梁应以架空飞越为标志。然而这种早期的梁,是道路向桥梁转化的一种过渡形式,是古代桥梁的雏形。现存的湖南省永丰蹬步就是这种原始桥型之一。永丰蹬步(图2-2-1)的始建年代已不可考,位于湖南省娄底市双峰县永丰镇。一条小河穿镇而过,河心有一口水井,为便于汲水,在水井和西岸之间,设有近20m长的蹬步。每块石蹬约一尺见方,间距为20~30cm,并设高矮两组,以便在不同水位时使用。蹬步表面凿有石槽,防止行人滑落水中。这种蹬步考虑到了泄洪问题,比之截水而建的堤梁进了一大步。

图2-2-1 永丰蹬步

(2)梁桥。梁桥外形平直,古时称为平桥。把木头或石梁架设在沟谷的两岸,就成了梁桥。梁桥的构造最简单,出现也最早。早在原始社会时,我国就有了独木桥和数根圆木排拼而成的木梁桥。战国时期,单跨和多跨的木、石梁桥已普遍在黄河流域及其他地区建造。1972年对春秋战国时齐国的国都临淄(今山东省淄博市临淄区)故城遗址的考古挖探中,首次发现了梁桥的遗址和桥台遗迹,两处桥梁的跨径均在8m左右。北魏郦道元《水经注》记录了在山西汾水上有座有三十柱,柱径5尺的木柱木梁桥,桥始建于春秋时期晋平公年间,是见于古书记载的最早的一座梁桥。西安灞桥建于汉代,是座木梁石柱墩桥,采用四段圆形石柱卯榫相接(中间还加石柱)形成一根石柱,由六根石柱组成一座轻型桥墩,墩台上加木梁并铺设灰土石板桥面,是石墩柱的首创者。

洛阳桥(图2-2-2)原名万安桥,位于福建省泉州东郊的洛阳江上,为中国现存最早的跨海梁式大石桥。宋代泉州太守蔡襄主持建桥工程,从北宋皇祐四年(公元1052年)至嘉祐四年(公元1059年),前后历七年之久,耗银一千四百万两,建成了这座跨江接海的大石桥。桥全部由花岗岩石砌筑,初建时桥长1105.2m,宽4.605m,武士造像分立两旁。造桥工程规模巨大,工艺技术高超,名震四海。建桥九百余年以来,先后修复17次。现桥长731.29m、宽4.5m、高7.3m,有44座船形桥墩、645个扶栏、104只石狮、1座石亭、7座石塔。桥之中亭附近历代碑刻林立,有"万古安澜"等宋代石刻;桥北有昭惠庙、真身庵遗址;桥南有蔡襄祠,著名的蔡襄《万安桥记》宋碑,立于祠内,被誉为书法、记文、雕刻"三绝"。洛阳桥造桥者首创"筏形基础"以造桥墩,种植牡蛎以固桥基,是我国古代重要的科学创新,为全国重点文物保护单位。

(3)伸臂木梁桥。当河谷宽度超过10m,中间又不便砌筑桥墩时,石木简支梁桥就难以胜任了。为增大木梁桥的跨径,中国古人创建了伸臂木梁桥。它采用圆木或方木纵横相隔叠起,由岸边或桥墩上层层向河谷中心挑出,犹如古建筑中的层层斗拱。伸臂木梁桥起源于公元4世纪以前,记载中的第一座桥建在今甘肃与新疆交界地区,当地人称它为"河厉"。它层层挑出的外形,如鸟展翅,加上桥中间一般无墩,故又称飞桥,一孔的最大跨径达33m。桥上有桥屋或桥廊,屋廊内有彩画、佛座仙像,桥景似花,所以又称它为花桥或大花桥,逢年过节花桥又成了人们娱乐、庙会、赶集的场所。

浙江温州泰顺泗溪东桥(图2-2-3)为叠梁式木拱廊桥,始建于明隆庆四年(1570年),清乾隆十年(1745年)、道光七年(1827年)重修。桥长41.7m,宽4.86m,净跨25.7m,距离水面9.5m。处在"将军逗狮"风水模式中的溪东桥,"虹气临虚,影摇波月"。桥拱上建有廊屋15间,当中几间高起为楼阁;屋檐翼角飞挑,屋脊青龙绕虚,颇有吞云吐雾之势。此桥无桥墩,由粗木架成八字形伸臂木拱,颇为罕见。此桥修建者是修北涧桥的人的徒弟,故而有人也将这两桥称为"师徒桥"。因此桥外形美观,号称"最美的廊桥"。

图2-2-2　福建泉州洛阳桥　　　　　　　图2-2-3　浙江温州泰顺泗溪东桥

广西三江程阳永济桥(图2-2-4),又叫作程阳风雨桥、程阳回龙桥,始建于民国元年(1912年),民国十三年(1924年)建成,是一座四跨石墩伸臂木梁桥,坐落在三江侗族自治县林溪河上,为侗族地区特有的风雨桥,全长64.4m,宽3.4m,高16m。该桥五个墩台上各有民族形式的宝塔形、宫殿形桥亭,桥亭檐层层向上,如翼如飞,亭与亭之间以廊相接,亭廊的板壁上,有许多侗族图案的雕刻。整座桥均由三江盛产的杉木制成,最大杉木头径达53cm;构件间的连接没有一颗钉和铁件,全部用榫结合或竹木梢。桥墩上木梁支座处运用杠杆原理将桥跨中负载分三次逐层传递到桥墩上,桥亭为桥梁增添了彩色,不仅是行人憩息躲雨纳凉的雅所,起着防止木梁、木桥面受雨腐蚀的作用,而且能压住木梁支座,达到重力平衡。由此可见,我国侗族人心灵手巧、智慧非凡。程阳永济桥已被列为全国重点保护文物。值得一提的是,像程阳永济桥的桥亭那样,把功能与装饰有机地结合在一起的实例,在我国古代桥梁中还有不少,这是我国桥梁艺术的一大特色。

2 桥梁建筑生成与发展

图 2-2-4　程阳永济桥

安平桥(图 2-2-5)是中国十大古桥之一,同时也是中国现存古代最长的海港连梁式石板平桥,因为桥梁全长约 2500m,称五里桥,位于中国福建省晋江安海镇和水头镇之间的海湾上,始建于公元 1138 年南宋绍兴年间,历时十四年建成,距今已有 880 年,享有"天下无桥长此桥"之誉。

图 2-2-5　安平桥

安平桥全长 2255m,桥面宽 3~3.8m,为建造此桥,共用了 361 个桥墩,每个桥墩采用花岗岩堆砌而成,桥面用大石条铺成,每个石条长达 10m 左右,最重的达到 25t。而今,从空中俯视安平桥,整个石桥架设在碧波荡漾的湖面上,环湖周围的道路上古木参天,绿树浓荫,宛若一条绿色的项链,将整个湖和石桥围在中间,让人感到清新脱俗和美丽异常。石桥便在这碧水绿树间一直延伸到远处,如一条蜿蜒的巨龙。

(4)索桥,如图 2-2-6 所示,是中国古代桥梁的三大类型之一,其上部结构无论是采用何种材料制成的索,下部结构无论是何种形式,均属于索式桥,简称索桥。中国古代的索桥,由于索所用的材料不同,又有铁索桥、竹索桥、藤索桥之分,是现代跨越能力最大的悬索桥最早雏形,也是中国对世界桥梁发展的极大贡献之一。

图 2-2-6　索桥

中国是客运索道的发源国,历史上可追溯至春秋战国时期。在中国的川西和藏东一带的山区,用藤索、竹索作为轨道的"溜索",从远古时代一直沿用至1958年才逐渐消失。这种索道架设于悬崖峭壁之上,跨越幽深峡谷,用来"溜人"或"溜物"。架空索道首先发源于中国西南地区。居住在河流湍急、崖岸陡峭、深山险谷中的云南、四川民众,很早以前就知道架设竹索或藤索渡河了。中国古代的索桥,就是用藤、竹或兽皮编制成绳索架设的溜索、吊桥、悬桥,也就是古籍所称的"絚(gēng)桥""絙桥"。古人有所谓"大者谓之索,小者谓之绳"。就是说,索桥最基本的特征,是用粗大的绳索架设而成。中国古籍记载最早的索桥,是蜀郡(成都市城区)的夷里桥,修建于秦昭襄王五十一年(公元前256年)。《华阳国志》(齐鲁书社,2010年出版)记载:"长老传言,李冰造七桥,上应七星。"位于蜀郡城南的夷里桥就是其中的一座。古籍称李冰修建的夷里桥为"笮桥",其"笮"字源出于"笮人",笮人是汉嘉县(四川雅安市芦山县)、越嶲县(四川凉山州越西县)一带的古代彝族人。据书中所言,"笮人作为一个善于用竹,以竹索造桥的民族,造竹索桥必多,历史必久,典籍所记,已经比较晚了"。由此可见,李冰修建索桥是向古代彝族人学习的结果,笮人修建索桥的历史更为久远。

铁索桥是在江河或峡谷的两岸用铁索建造的比较牢固且能长期使用的桥梁。其主要用途是作为平民渡江、过河的交通设施,有时也可以为军队在行进过程中搭建一个克服障碍的平台。铁索桥主要集中在西部地区,滇、川、藏三省

(区)基本上包揽了90%以上的铁索桥。铁索桥的建造结合了中原的冶金技术和少数民族的造桥技术,所以铁索桥多分布于少数民族地区。

中国最早修建的铁索桥名为樊河桥,坐落于陕西汉中留坝县马道镇,横跨褒水支流之一的樊河。中国最早的铁索浮桥出现于东汉初年,公孙述为了防止汉军的进攻依江而建浮桥。此后铁索浮桥就频繁地出现在中国历史上。

铁索桥主要用于通过深涧激流,同时也开始用于军事防御,用来封锁航道。由于铁索桥制作技术不完善,大多毁坏,但多被后世所重建。这一时期铁索桥的主要代表有陕西褒城樊河桥、云南景东兰津桥;铁索浮桥的主要代表有湖北西陵峡铁索浮桥、湖北荆门虎牙浮桥、河南洛水天津桥。

铁索桥迅速发展于唐代至元代,不论是在建造的技术,还是在使用方面都得到了飞速发展。特别是铁索浮桥发展更快,如黄河航道上的直浮桥和曲浮桥的出现,其数量明显增多;此外,由于冶铁技术的发展,铁索浮桥被大量用于长江与黄河河道的防御。这一时期铁索桥的主要代表有云南漾濞水桥、西藏拉萨布达拉宫金桥、四川江油云岩寺桥,铁索浮桥的主要代表有浙江临海中津桥、浙江黄岩利涉浮桥、山西永济蒲津浮桥。

铁索桥在明清时期发展达于鼎盛,全国范围内的铁索桥数量急剧增多,其中泸定桥(图2-2-7)就是其中的代表作之一。这段时期,主要是铁索桥的发展明显,铁索浮桥则发展一般。西部云、贵、川、藏四省(区)铁索桥的数量飞速增加,占据了中国古代铁索桥分布的最主要部分。这一时期出现了并列多索铁链桥和并列多索铁眼杆桥等新式铁索桥。

图2-2-7 泸定桥("大渡桥横铁索寒")

桥梁建筑概论

云南是铁索桥最早被使用的地区之一,复杂的地形地理条件和少数民族长期使用竹索桥、藤索桥以及溜索桥的习惯,使云南的古代居民在建造和使用铁索桥时得心应手。云南铁索桥的建造和使用从东汉至明清绵延不绝,主要集中于滇西、滇西北的大理、顺宁、丽江、永昌、腾冲等地,尤其是云南大理的云龙,号称云南的"桥乡",其铁索桥的数量为云南甚至全国之最,达8座之多。四川省的铁索桥主要分布在川西地区,雅安、甘孜地区的泸定都有较密集的分布,崇州地区也较多。

历史上的铁索浮桥用途基本上有两种:

其一,作为水上防御工事设立在一些险要之处,以达到"一夫当关,万夫莫开"的封锁航道的目的,即"锁江",这时的铁索浮桥就成了真正的拦江铁索。

其二,在水流湍急之处利用铁索的牢固来建立浮桥,以便军队或平民百姓经过,使天堑变通途。所以其分布的范围相对比较狭窄,主要在黄河与长江两条主要的航道上。黄河及其支流上主要的铁索浮桥有兰州镇远桥、宁夏靖远县石门乡铁索桥、山西永济蒲津浮桥、河南河阳浮桥、河南洛阳之洛水天津桥;长江及其支流上主要的铁索浮桥有重庆奉节铁索浮桥、湖北西陵峡横江铁索、湖北荆门虎牙浮桥、湖北武汉三镇浮桥、湖北田家镇锁江浮桥、鄂州白鹿矶浮桥、浙江黄岩利涉浮桥。至后期还出现了铁索直浮桥、潮汐浮桥等新式铁索浮桥。

(5)拱桥,中国的拱桥始建于东汉中后期,是中国古代桥梁著名的代表桥型之一,已有一千八百余年的历史。它是由伸臂木石梁桥、撑架桥等逐步发展而成的,在形成和发展过程中其外形都是曲的,所以古时常称为曲桥。在古文献中,还用囷、窌、窦、瓮等字来表示拱。

拱桥造型优美,曲线圆润,富有动态感。单拱的如北京颐和园玉带桥,拱券呈抛物线形,桥身用汉白玉,桥形如垂虹卧波。多孔拱桥适于跨度较大的宽广水面,常见的多为三、五、七孔,著名的颐和园十七孔桥,长约150m,宽约6.6m,连接南湖岛,丰富了昆明湖的层次,成为万寿山的对景。河北赵州桥(图2-1-3)的"敞肩拱"是中国首创。中国的拱桥独具一格,形式之多,造型之美,世界少有。有驼峰突起的陡拱,有宛如皎月的坦拱,有玉带浮水的平坦的纤道多孔拱桥,也有长虹卧波、形成自然纵坡的长拱桥。拱肩上有敞开的(如大拱上加小拱,现称空腹拱)和不敞开的(现称实腹拱)。拱形有半圆、多边形、圆弧、椭圆、抛物线、蛋形、马蹄形和尖拱形等。

拱桥是以承受轴向压力为主的拱圈或拱肋作为主要承重构件的桥梁,拱结构由拱圈(拱肋)及其支座组成。拱桥可用砖、石、混凝土等抗压性能良好的材料建造;大跨径拱桥则用钢筋混凝土或钢材建造,以承受产生的力矩。按拱圈的静力体系分为无铰拱、双铰拱、三铰拱。前二者为超静定结构,后者为静定结构。拱桥按结构形式可分为板拱、肋拱、双曲拱、箱形拱、桁架拱。拱桥为桥梁基本体系之一,直至成长为现代大跨径桥梁的主要形式之一。

卢沟桥,如图2-2-8所示,位于北京西南郊的永定河上,联拱石桥。桥始建于金大定二十九年(公元1189年),成于明昌三年(公元1192年),元、明两代曾经修缮,清康熙三十七年(1698年)重修建。桥全长212.2m,有11孔。各孔的净跨径和矢高均不相等,边孔小、中孔逐渐增大。全桥有十个墩,宽度为5.3~7.25m不等。桥面两侧筑有石栏,柱高1.40m,各柱头上刻有石狮,或蹲、或伏、或大抚小、或小抱大,共有485头。石柱间嵌石栏板,高85cm,桥两端各有华表、御碑亭、碑刻等,桥畔两头还各筑有一座正方形的汉白玉碑亭,每根亭柱上的盘龙纹饰雕刻得极为精细。卢沟桥以其精美的石刻艺术享誉于世,"卢沟晓月"成为著名的燕京八景之一。1937年"七七事变"在此发生,是日本帝国主义全面侵华战争的开始,卢沟桥因此而成为极有历史意义的纪念性建筑物。

图2-2-8　北京卢沟桥

皇家园林颐和园中著名的十七孔桥,如图2-2-9所示,建于清乾隆十五年,即1750年,桥面宽8m,桥高7m,长150m,整座桥给人以一种雄伟恢宏之感。桥正中的大孔,从桥两端数来都正好是"9",而"9"被称为极阳数,是过去封建帝王最喜欢的吉利数字,所以将桥建成十七孔。十七孔桥,由于桥孔大小不一,桥面像一张弓,又像天空中七彩的长虹飞架在碧波万顷的昆明湖上非常壮观。

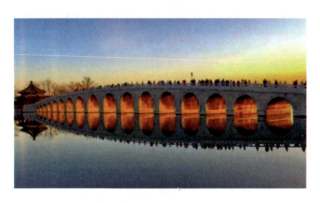

图 2-2-9　颐和园十七孔桥(金光穿洞)

(6)浮桥,如图2-2-10和图2-2-11所示,指用船或浮箱代替桥墩,浮在水面的桥梁。是中国古代著名的代表桥型之一。冷兵器时代,高山河流一直是军事行动的障碍。浮桥是世界上最古老的军事工程形式之一。古代浮桥大都多是由驳船作浮体,并在它们之间铺设一条人行道。军队采用制式器材拼组的军用浮桥,则称舟桥。尽管随着时间的推移,现代浮桥在审美和实用方面有着很大的提高,但它们的基本原理是相同的,所不同的是在建造材料、固定方式、装饰材料、承重能力等方面的差异。

图 2-2-10　赣州古浮桥

2 桥梁建筑生成与发展

图 2-2-11　桂江浮桥

浮桥的历史记载以中国为早。《诗经·大雅·大明》(中华书局,2016 年出版)记载:"亲迎于渭,造舟为梁",记载周文王姬昌于公元前 1184 年在渭河架浮桥。东汉光武帝建武十一年(公元 35 年),公孙述在今湖北宜都、宜昌间架设长江浮桥。西晋武帝泰始十年(274 年),杜预在今河南孟津附近的黄河架设河阳浮桥,曾持续使用达 800 多年。

浮桥的结构形式有两种:一是传统的形式是在船或浮箱上架梁、再铺桥面;二是舟梁合一的形式,或船只首尾相连,成纵列式,或将舟体紧密排列成带式。为保持浮桥轴线位置不致偏移,在上、下游需设缆索锚碇。为与两岸接通,在两岸需设置过渡梁或跳板。为适应水位涨落,两岸还应设置升降码头或升降栈桥。

潮州湘子桥(图 2-2-12)即广济桥,为我国的四大古桥之一,位于在潮州城东门外,横卧在滚滚的韩江之上,东临笔架山,西接东门闹市,南眺凤凰洲,北仰金城山,景色壮丽迷人。民谣唱曰:"到广不到潮,枉费走一遭;到潮不到桥,白白走一场"。

图 2-2-12

桥梁建筑概论

图 2-2-12 潮州湘子桥

广济桥,俗称湘子桥,宋乾道七年(1171年)太守曾江创建,初为浮桥,由八十六只巨船连接而成,始名"康济桥"。

淳熙元年间(1174年)浮桥被洪水冲垮,太守常炜重修之,并创杰阁于西岸,开始了西岸桥墩的建筑,至绍定元年(1228年)历五十四年间,朱江、王正功、丁允元、孙叔谨等太守相继增筑,完成了十个桥墩的建造。其中又以淳熙十六年(1189年)太守丁允元建造的规模最大、功绩最著而改称西桥为"丁公桥"。绍熙五年(1194年),太守沈宗禹"墦石东岸",筑"盖秀亭",并称东桥为"济川桥",接着,太守陈宏规、林骠、林会相继增筑,至开禧二年(1206年)历时十二年,建成桥墩13座。东西桥建起来后,中间仍以浮舟连接,形成了梁桥与浮桥相结合的基本格局。

宋末至元代,广济桥又有诸多兴废,明宣德十年(1435年),知府王源主持了规模空前的"迭石重修",竣工后"西岸为十墩九洞,计长四十九丈五尺;东岸为十三墩十二洞,计长八十六丈;中空二十七丈三尺,造舟二十有四为浮桥",并于桥上"立亭屋百二十六间",更名为"广济桥"。正德八年(1513年),知府谭纶又增一墩,减浮船六只,遂成"十八梭船二十四洲"的独特风格。

随着历史的变迁,广济桥几经修筑。1988年3月,广济桥被国务院公布为全国重点文物保护单位。2003年10月,修复工程对桥墩进行维修加固,并恢复明代该桥"十八梭船"的启闭式浮桥以及桥上亭台楼阁的独有风格。2007年6月18日,广济桥修复完毕,再现梁舟结合,联阁重瓴,美轮美奂,活色生香。

2.2.2 中国现代桥梁

18 世纪英国工业革命造就了现代科学技术,使欧美各国相继进入了现代桥梁工程的新时期。19 世纪中叶的鸦片战争,使已经落后的中国在列强的侵略下逐步成为半殖民地半封建的国家。此后,帝国主义列强为掠夺中国的资源在中国大量修筑铁路,开挖矿山,在津浦、平汉等铁路上由外国工程师修建了黄河大桥,在被迫开埠的城市租界中(如上海、广州、宁波等)也修建了一些桥梁。1935 年开工修建的杭州钱塘江大桥(图 2-1-1)才是第一座由中国工程师主持设计监造的现代钢桥,施工用时 30 个月,于 1937 年 9 月建成通车,至今仍然服务于民,树立了中国桥梁史上的一座丰碑。

新中国成立后,随着国民经济和交通事业的兴起,我国桥梁建设才得到了大力发展。1957 年,"万里长江第一桥"——武汉长江大桥(9 孔 128m,全长 1155.5m)建成通车,如图 2-2-13 所示,在苏联专家的帮助下,采用了新型的管柱基础和先进的钢梁制造和架设技术,为我国现代大跨径钢桥和深水基础工程的发展奠定了基础。1968 年底建成的南京长江大桥(图 2-2-14)是第二座长江大桥,由我国工程师独立主持设计和施工。与武汉长江大桥相比,跨径增大为 160m,采用带下加劲的第三弦杆的连续钢桁梁桥。由于桥址地质条件复杂,采用四种不同的深水基础形式,是我国完全自主建设长江大桥的一个里程碑。

图 2-2-13 武汉长江大桥

图 2-2-14 南京长江大桥

在 20 世纪 60 年代,由于三年困难时期的影响,资金和钢材十分匮乏,大型装备落后,我国各省公路部门不得不大力发展造价低廉、用钢少,而且可以使用人力资源架设的各种拱桥,使拱桥成为这一时期中国公路桥梁的主要桥型。1961年,云南长虹石拱桥突破了 100m 跨径;发源于无锡农桥的"双曲拱桥"也逐步试用于公路和铁路桥,1968 年建成的主跨 150m 的河南前河桥(图 2-2-15),达到了这种桥型的最大跨径。与此同时,预应力混凝土技术也从第一座铁路梁式桥逐渐向公路桥推广,1964 年建成了第一座带挂孔的预应力混凝土 T 形刚构桥——主跨 50m 的河南五陵卫河桥。

图 2-2-15 河南前河桥

由于双曲拱桥在软土地基的推广中出现了一些问题,20 世纪 70 年代初创造了一种适合软土地基上建造拱桥的轻型钢筋混凝土桁架拱桥,以 1976 年建成的主跨 75m 的浙江宁海越溪桥(图 2-2-16)和 9 孔 50m 的河南嵩县桥为代表。与此同时,在云、桂、贵、川等西南省区山区,发展了便于无支架施工的钢筋混凝土箱形拱桥,如主跨 100m 的四川宜宾岷江大桥(1973 年建成)、主跨 116m 的云南红旗桥(1974 年建成)和主跨 105m 的广西来宾桥(1978 年建成)。

图 2-2-16　浙江宁海越溪桥

1972 年因开发油田的需要而建设的山东北镇黄河公路桥(图 2-2-17),是我国比较少见的公路钢桥,主桥为 4 孔 112m 连续钢桁架,引桥为多孔 33m 预应力混凝土简支梁。钻孔桩的入土深度达到创纪录的 107m。该桥在中国公路钢桥发展中占有重要的地位。

图 2-2-17　山东北镇黄河公路桥

桥梁建筑概论

20世纪60年代末,西方的斜拉桥技术传入我国,上海和重庆两地于1975年分别建成了主跨54m的上海新五桥和主跨75.8m的四川云阳汤溪河桥,这两座试验桥的建成是80年代我国斜拉桥大量发展的先声。1981年,第一座预应力混凝土铁路斜拉桥——主跨96m的广西来宾红水河桥建成通车。1982年建成通车的主跨220m济南黄河桥,是80年代斜拉桥在全国迅速推广的象征。1987年建成通车主跨288m的山东东营黄河桥(图2-2-18),是我国第一座采用钢塔和各向异性钢桥面板的斜拉桥,该桥的拉索引进了日本新一代的热挤聚乙烯(PE)套管的平行钢丝索体系(NWPS),为此后我国自主开发这种拉索体系提供了借鉴。整个20世纪80年代中,斜拉桥在全国各地普遍兴建,并出现百花齐放的景象,其中,应当提到具有特色的斜拉桥有:主跨160m的广东南海九江大桥(1988年建成),采用浮式起重机逐段悬臂拼装施工;主跨230m的重庆石门桥(1988年建成),是当时最长悬臂施工的斜拉桥;主跨175m的广州海印桥(1988年建成),桥宽为35m,是当时最宽的单索面斜拉桥;主跨210m的长沙湘江北大桥(1990年建成),第一次采用轻型前支点挂篮全断面一次悬浇施工技术。

图 2-2-18 山东东营黄河桥

1980年,当时国内跨径最大的预应力混凝土T形刚构桥,主跨174m的重庆长江大桥(图2-2-19)建成通车,T形刚构桥是上部结构与桥墩整体浇筑在一起,跨中带挂梁的桥梁,上部结构利用悬臂浇筑和悬臂拼装的方法施工,不影响通航和桥下交通,但桥面伸缩缝偏多,徐变挠度大不易控制,使桥面线形平顺度差,不利于高速行车。1982年,当时世界最大跨径的铁路斜腿刚架桥——主跨176m的陕西安康汉江桥(图 2-2-20)建成通车,是中国铁路桥建设中的重大成就。安康汉江桥主跨为 176m 斜腿刚构,梁长 305.10m,桥墩采用圆形空心墩,仅 5 号墩为直径 8m 的实体墩;并设有水平板铰与主梁相连,以传递斜腿刚构的纵向水平力。斜腿刚构的斜腿支墩为悬臂式,其悬臂为钢筋混凝土矩形结构。

图 2-2-19　重庆长江大桥　　　　　　图 2-2-20　安康汉江桥

　　1984 年建成的跨径为 90m 的广东顺德容奇桥,第一次采用 5000kN 浮式起重机进行预制梁的整体架设施工,采用先简支后连续的结构设计。1988 年建成的广东番禺洛溪大桥(图 2-2-21),为主跨 180m 的预应力混凝土连续刚构桥,这一当时最大跨径的梁式桥引进了先进的 VSL 预应力钢绞线锚固体系,是我国大跨径预应力混凝土梁式桥建设的里程碑。1988 年,跨径 110m 的广东江门外海桥建成通车,它是第一座采用先进的短线预制构件悬臂拼装施工的预应力混凝土连续梁桥。20 世纪 80 年代改革开放最初十年的中国桥梁建设,为中国现代桥梁技术发展打下坚实基础,具有里程碑意义。

图 2-2-21　番禺洛溪大桥

桥梁建筑概论

进入20世纪90年代后,由于全国经济建设的顺利发展,桥梁建设也在改革开放十年的基础上出现了新的高潮。在国家总体规划下,交通部全力组织打赢了一场十年的公路桥梁跨越长江的战役,建成了武汉长江二桥(主跨400m,1995年),重庆长江二桥(主跨444m,1995年),黄石长江大桥(248m预应力混凝土连续刚构梁桥,1995年建成,图2-2-22),安徽铜陵大桥(主跨432m预应力斜拉桥,1996年建成),重庆万州长江大桥(420m混凝土拱式桥,1997年建成),江苏江阴长江大桥(1385m钢箱梁悬索桥,1999年建成),江苏南京二桥(钢箱梁斜拉桥,2000年建成)。

图2-2-22 黄石长江大桥

1991年,主跨423m的上海南浦大桥(图2-2-23)建成通车,中国桥梁界实现了从建造了200多米跨径的斜拉桥向建造主跨423m的结合梁桥面斜拉桥的跃进。紧接着又于1993年建成了另一座主跨602m纪录跨径的斜拉桥——上海杨浦大桥(图2-2-24)。两座斜拉桥的成功兴建掀起了大规模建设大桥的全国性高潮,在20世纪90年代建成的跨径在400m以上的斜拉桥还有:湖北郧县汉江大桥,主跨414m,1993年;上海徐浦大桥,主跨590m,1997年;汕头礐石大桥,主跨518m,1998年。

图 2-2-23　上海南浦大桥

图 2-2-24　上海杨浦大桥

20 世纪 90 年代开始，我国钢材供应已逐渐充裕，在国外应用较广泛的钢管混凝土拱桥开始被引入，我国拱桥建设方面也取得了重要的进展。钢管混凝土拱桥这种复合结构具有安装施工方便、用料经济合理、承载能力大的优点。1990 年在四川旺苍建成了第一座主跨 115m 的钢管混凝土拱桥后，该类拱桥迅速在全国推广，在十年间建成了数十座，如主跨 200m 的广东三山西大桥和主跨 270m 的广西三岸大桥。与此同时，采用劲性骨架的钢筋混凝土箱形拱桥也取得了发展。在 20 世纪 80 年代末建成主跨 200m 的重庆市涪陵乌江桥和主跨 240m 的四川宜

桥梁建筑概论

宾金沙江桥以后,改用新型的钢管混凝土拱为骨架,又建成了主跨313m的广西邕宁邕江大桥。在20世纪90年代采用这一技术建成了世界最大跨径混凝土拱桥——主跨420m的重庆万州长江大桥,引起了国际同行的瞩目。

1994年建成通车的主跨452m的汕头海湾大桥,是中国桥梁界开始建造现代悬索桥的第一次尝试,为此后更大跨径的悬索桥建设提供了成功的经验。由于当地海气腐蚀较严重,因而采用了预应力混凝土加劲梁。每根主缆由110股,每股由91根5mm钢丝组成,外径达56cm。1997年香港回归前夕胜利通车的虎门大桥为主跨888m的悬索桥,其辅航道桥为主跨270m的预应力混凝土连续刚构桥,是中国桥梁史的又一里程碑。1999年,主跨1385m的江阴长江大桥(图2-2-25)建成通车,中国第一座超千米的大跨径悬索桥完全由中国人自主设计,标志着中国以其令世人惊叹的桥梁建设规模、发展速度以及位于各种桥型跨径排行榜前列的突出成就进入了世界桥梁大国之列。

图2-2-25 江阴长江大桥

20世纪末中国以建成主跨618m的武汉白沙洲大桥和主跨312m公铁两用斜拉桥——芜湖长江大桥,结束了20世纪的桥梁建设历程,通过自主建设取得了令世人惊叹的进步和成就。随着国家政治、经济实力的不断增长,科技的进步,中国已经可以自信地迈步面向21世纪更加宏伟的跨江跨海大桥工程建设,开始设计建造超大跨径的斜拉桥和悬索桥,通过创新的设计和施工,实现跨越式发展,不断提高中国桥梁的国际形象与竞争力。

进入 21 世纪的中国,在长江中下游江段已经先后建成了几十座现代化的大跨径桥梁。路桥工程是现实生产力发展的基础。改革开放 40 年,长江经济带各省份经济快速增长,以约 20% 的国土面积支撑起超过全国 45% 的经济总量、涵养了 40% 以上的中国人口,一条横贯东中西、辐射南北方的经济增长带迅速崛起。在长江经济带生机勃勃的发展中,交通运输发挥了支撑作用,跨江桥梁功不可没。

根据国家经济建设和区域协同发展的战略需要,我国也开展了跨越海湾和海峡的大桥建设。东海大桥、杭州湾跨海大桥、金塘大桥、青岛海湾大桥、湛江大桥等。其中,杭州湾跨海大桥全长 36km,截至通车时是世界上最长的跨海大桥。东部沿海大通道苏通大桥和杭州湾跨海大桥通车后,将长三角、环渤海区域、珠三角三个我国最发达的经济区域连通起来。南通和宁波由交通末端城市转变为沿海交通枢纽,通过物流、资金流、信息流的汇聚和扩散,影响了经济社会发展各个领域,促进了苏浙沪经济圈发展。金塘大桥舟山连岛工程使舟山本岛与陆地连通,不但融入了长三角都市圈,还成为首个以海洋经济为主题的国家级新区。依据《广东省人民政府关于珠江口跨江通道统筹规划研究的批复》(粤府函〔2012〕274 号)成果,包括黄埔大桥及虎门大桥在内,珠江口自北向南共规划建设 7 条公路跨江通道、5 条铁路跨江通道,这些跨海跨江大桥对粤港澳大湾区的建设起到极大的支撑作用。其中南沙大桥(原名虎门二桥)已经于 2019 年 4 月建成通车;特别是 2018 年 10 月 24 日,全长 55km 的港珠澳大桥集群工程的建成和通车,再次打破了世界上最长的跨海大桥纪录,是中国桥梁建设技术 40 年大发展的最新体现。

21 世纪,随着国家西部大开发战略的实施,我国西部地区高速公路建设取得极大成就,跨越高山峡谷沟壑的特大跨径山区桥梁也得以大量建设发展。在这些众多大跨径的山区桥梁中,以矮寨大桥和 2016 年 12 月通车时为世界最高跨江大桥——北盘江大桥为代表,受到了社会极大的关注。

回顾我国改革开放 40 年的桥梁建设历程,在建设理念层面,我国桥梁建设经历从尽快建成到质量保障,再到精细建设品质工程的一个理念提升过程。在设计技术层面,是从混凝土梁拱到索桥,再到特大桥体系结构、材料上

桥梁建筑概论

都取得了极大进步,桥梁基础工程技术(包括群桩技术、地连墙深基坑技术、陆上和水中沉井技术等)得到了提高。在施工技术层面,从现场人工简单机具施工,到工业化制造信息化施工的转变。在建设管理层面,是从单项工程经验管理到复杂巨系统工程综合集成管理的发展。改革开放40年的桥梁建设发展成果,简而言之就是桥梁类型齐全、跨径渐进突破,技术创新丰富、人才队伍壮大,桥梁产业完善、制造能力雄厚。如今,中国桥梁建设已经向着世界桥梁强国稳步前行,目前在梁桥、拱桥、斜拉桥和悬索桥四类桥梁跨径的世界前十排名中,中国桥梁占比早超过60%,并正向各类桥梁跨径世界第一前进。

首先来看悬索桥方面,2009年12月25日通车的西堠门大桥(图2-2-26),位于我国浙江省舟山市境内,是连接舟山本岛与宁波的舟山连岛工程五座跨海大桥中技术要求最高的特大型跨海桥梁,主桥为两跨连续钢箱梁悬索桥,主跨1650m,建成时是世界上最大跨径的钢箱梁悬索桥,设计通航等级3万t、使用年限100年。西堠门大桥南起穆东线,上跨西堠门水道,北至金山路,线路全长5.452km,桥梁总长2.588km;桥面为双向四车道高速公路,设计速度80km/h。

图2-2-26　西堠门大桥

2019年10月8日建成通车的武汉杨泗港长江大桥(图2-2-27),西起国博跨线桥,桥梁全长4134.377m,主桥为跨径1700m的双层钢桁架悬索桥;上层桥面为双向六车道城市快速路,设计速度为80km/h,下层桥面为双向四车道城市主干道,设计速度为60km/h。杨泗港长江大桥2号塔底节钢沉井下水质量高达6200t,是中国国内外采用气囊法下水质量最大的沉井,沉井下沉首次采用坚硬土层条件下超大沉井下沉新技术,钢桁加劲梁施工首次采用了大节段全焊拼装新工艺和千吨级整体吊装新技术;建成时位居世界钢桁梁悬索桥跨径第二位。

图2-2-27 武汉杨泗港长江大桥

2020年11月30日,由中铁大桥勘测设计院集团有限公司设计、中铁大桥局集团有限公司承建的世界首座高速铁路悬索桥、中国首座公铁两用悬索桥——五峰山长江大桥(图2-2-28)顺利结束连(云港)镇(江)高铁联调联试任务,开始进入年底前的通车准备。连镇铁路五峰山长江大桥是我国首座公铁两用悬索桥,也是世界上运行速度最快、运行荷载最大、跨径最大的公铁两用悬索桥。五峰山长江大桥设计为公铁两用悬索桥,全长6.409km,主桥最大单跨1092m。4线铁路+双向八车道高速公路,铁路设计行车速度250km/h,高速公路设计速度100km/h。桥梁建设者不断优化施工工艺,研发新材料、新技术、新装备,以此保证大跨径桥梁的安全和施工质量,取得了一系列创新。例如,五峰山长江大桥是世界上首座采用板桁结合钢桁梁的公铁两用悬索桥;是世界上首次采用单面焊接两面成型U形肋焊接技术的公铁两用悬索桥,解决了焊缝容易疲劳破坏的难题;是世界上首次采用轧制成型不锈钢复合钢板的公铁两用悬索桥,解决了钢板的锈蚀等问题。建成后的五峰山长江大桥填补了世界高速铁路悬索桥、中国公铁两用悬索桥和中国铁路悬索桥三项空白,并在国际上率先建立起中国高速铁路悬索桥的设计方法、计算理论和相关技术标准,取得一系列国际性突破,具有开创性意义。

图 2-2-28　五峰山长江大桥(公铁两用悬索桥)

而国际上,1966 年建成的葡萄牙首都里斯本萨拉扎桥(又名为 4 月 25 日桥),其跨径为(483 + 1013 + 483)m,此桥计划分为两期,初期开放上层桥面供 4 车道公路用,后期计划开放下层桥面增设双线铁路。但此桥运行已 50 多年,至今下层铁路桥面仍未施工,这实际上是由于对后期通火车的设想是否可行有所怀疑。因此,此桥名义上虽为设计的首座公铁两用悬索桥,但实际上至今并没有通火车。

目前正进行前期工作的狮子洋通道工程位于虎门大桥和南沙大桥(原虎门二桥)之间,是广东省高速公路网规划中连接广州和东莞的重要东西向通道,路线总体呈东西走向,西起南沙,与广中江高速公路顺接,跨越珠江后与拟建虎门港支线二期工程对接,路线全长约 27km。其中主桥拟采用 2200m 跨双层公路钢桁梁悬索桥方案。同时期,江苏张皋长江大桥的前期设计工作正在进行,采用主航道桥跨径布置为(1200 + 2300 + 600)m 的双塔两跨吊悬索桥方案。这两座桥建成通车后,将正式超越土耳其恰纳卡莱大桥(主跨 2023m)和日本明石海峡大桥(主跨 1991m)而分别成为世界第二和第一大跨径的悬索桥。自锚式悬索桥方面,2006年8月建成通车的佛山平胜桥(图2-2-29),全长2247.84m,主桥跨径为350m,为国内外首座大跨径独塔钢混结合梁自锚式悬索桥,其钢加劲梁采用顶推法施工。2013年9月27日正式通车的郑州桃花峪黄河大桥(图2-2-30)全长28.6km,大桥全长7703m,主桥采用(160+406+160)m跨径布置,桥高135m,主跨406m,桥梁宽度39m,桥面净宽30m,是目前世界上跨径最大的三跨双塔全钢梁自锚式悬索桥。

图 2-2-29　佛山平胜桥

图 2-2-30　郑州桃花峪黄河大桥

桥梁建筑概论

关于斜拉桥方面的发展,2008 年 6 月 30 日建成通车的苏通长江大桥(图 2-2-31)北起于通启高速公路的小海互通立交,上跨长江水道,南止于苏嘉杭高速公路董浜互通立交,大桥全长 32.4km,主桥采用(100 + 100 + 300 + 1088 + 300 + 100 + 100)m 跨径布置,通车时是当时世界跨径最大斜拉桥,桥面为双向六车道高速公路标准,计算行车速度对于南、北两岸接线为 120km/h,对于跨江大桥为 100km/h。主桥通航净空高 62m,宽 891m,可满足 5 万吨级集装箱货轮和 4.8 万吨船队通航需要,全线桥涵设计荷载采用汽车-超 20 级,挂车-120,全长 32.4km。

图 2-2-31　苏通长江大桥

2019 年 1 月 9 日开工建设的常泰长江大桥(图 2-2-32)位于泰州大桥下游 30.2km,江阴长江大桥上游 28.5km,南北分别连接常州与泰兴;起自泰兴市六圩港大道,跨长江主航道,经录安洲,跨长江夹江,止于常州市新北区港区大道。采用公铁双层布置过江方案,大桥全长约 37.383km,公铁合建段正桥长 5299m。主航道桥采用主跨 1176m 斜拉桥,为双层公铁两用钢桁梁斜拉桥,除了 6 个桥墩支撑外,更多靠纵向间隔 14m 的斜拉索来提供弹性支撑;专用航道桥为主跨 388m 钢拱桥;上层桥面布置双向六车道高速公路,下层桥面上游侧布置两线城际铁路,下层桥面下游侧布置 4 车道一级公路。常泰长江大桥不仅是世界上首座集高速公路、城际铁路、一级公路于一体的过江通道,而且其主航道桥为主跨 1176m 的斜拉桥,将刷新公铁两用斜拉桥的世界纪录,将成为世界上最大跨径的斜拉桥;两侧连接天星洲和录安洲的两座主跨388m的拱桥也将成为世界上最大跨径的公铁两用钢桁梁拱桥。

图 2-2-32　常泰长江大桥

关于拱桥方面的发展,1997年重庆万州长江大桥(图2-2-33)建成于1997年(原名"万县长江大桥"属四川省),大桥一跨飞渡长江,全长856.12m,主拱圈为钢管混凝土劲性骨架箱形混凝土结构,主跨420m,桥面宽24m,为双向四车道,建成时是世界最大跨径的混凝土拱桥。2001年建成的山西晋城晋焦高速公路丹河大桥(图2-2-34),跨径146m,是当时世界最大跨径的石拱桥,被载入吉尼斯世界纪录。2003年6月28日建成通车的卢浦大桥(图2-2-35)是当时世界上首座采用箱形拱结构的特大型钢拱桥,全长3900m,主桥长750m,主桥面宽28.7m,主跨550m,建成时居世界同类桥梁跨径第一。

图 2-2-33　重庆万州长江大桥

39

桥梁建筑概论

图 2-2-34　丹河大桥

图 2-2-35　卢浦大桥

2013 年 6 月 3 日建成通车的四川合江长江一桥（图 2-2-36），是中国四川省泸州市境内一座跨长江的高速公路桥梁工程，是成渝地区环线高速公路泸渝段的控制性工程之一；大桥跨径组合为 10×20m（引桥）+530m（主孔跨径）+4×20m（引桥），全桥长 840.9m，全宽 28m，主孔跨径为 530m（净跨为 500m），建成时为世界跨径最大钢管混凝土拱桥。2007 年底建成通车的重庆朝天门大桥（图 2-2-37）主跨达到创纪录的 552m，采用传统的中承式钢桁连续系杆拱桥，跨径布置为 (190+552+190)m，系杆平面与主拱桁平面重合，使受力明确，构造简单，便于施工。

图 2-2-36　四川合江长江一桥

图 2-2-37　重庆朝天门大桥

目前正在建设中的广西天峨龙滩特大桥(图 2-2-38)的主拱跨径达 600m,为上承式劲性骨架混凝土拱桥,预计 2023 年底建成通车。该桥建成以后将是世界上跨径最大的拱桥,远远超出现行同类桥梁规范的适用范围。中国工程院郑皆连院士依托广西平南三桥(主跨 575m 钢管混凝土拱桥)的设计与施工,与四川省公路规划勘察设计研究院有限公司联合攻关,进一步研究了跨径 700m 级钢管混凝土拱桥实现的可行性。

图 2-2-38　广西天峨龙滩特大桥

关于大跨径梁式桥方面的发展，PC 连续梁的跨径由于受到支座吨位的限制，目前国内最大跨径是 2014 年建成通车的四川乐自高速公路的岷江特大桥，其中主桥布置为 $(100.4+3\times180+100.4)$m 的连续预应力箱梁，被誉为"亚洲第一跨连续梁"。而目前我国已建成通车的最大跨径 PC 连续刚构桥为 1997 年 6 月建成通车的主跨 270m 的虎门大桥辅航道桥(图 2-2-39)；于 2006 年 8 月建成通车的重庆石板坡长江大桥为主跨 330m 钢混组合连续刚构桥，是目前全球最大跨径的梁式桥。自 20 世纪 90 年代至今，国内建成了几十座跨径超过 200m 的 PC 连续刚构桥，但由于材料、徐变和施工等多方面的原因导致其桥梁病害(下扰、开裂)较多，目前国内新建此类桥梁的跨径一般都限制在 200m 以内。面对梁式桥发展的困境，国内有专家提出"空腹式连续刚构桥"的概念，亦称"斜腿连续刚构桥"或"拱梁组合式"连续刚构桥，如图 2-2-40 所示，是在常规连续刚构形式上的一种新的改型。其主要思路是加大箱梁根部高度，并对箱梁根部的腹板进行挖空，减轻自重，形成梁-拱组合力学效应，从而提高结构承载效率，增强桥梁跨越能力。空腹式连续刚构可采用与常规连续刚构桥相似的平衡悬臂施工方法，工程造价和运营维护费用较低，适用跨径在 220~400m，可望填补常规连续刚构桥适用跨径和斜拉桥适用跨径之间的空白。

图 2-2-39　虎门大桥辅航道桥

图 2-2-40　空腹式连续刚构桥

时至今日,我们正处在中华民族伟大复兴的历史转折点。经过 40 余年改革开放的努力,我国桥梁界跟上了世界现代桥梁前进的步伐,进入了国际先进行列。然而,我们仍不能骄傲自满,而要承认差距和不足,我们的出路在自主创新,只有真正掌握先进核心技术的自主创新才能摆脱发达国家的遏制和操控。只要我们正视不足,戒骄戒躁,并通过教育改革,重新焕发年轻一代的想象力和创造力,就一定能在不久的将来通过自主创新和不断发展进步,从桥梁大国扎实地走向桥梁强国。

2.3 西方桥梁技术发展

2.3.1 近代西方桥梁技术

西方文艺复兴在近代早期深刻地影响了欧洲的知识生活方方面面,近代土木工程从17世纪中叶至20世纪中叶的约三百年间,经历了最初一百余年的"理论奠基时期"(1660—1765)。意大利学者伽利略(Galileo Galilei,1564—1642)于1638年出版的著作《关于两门新科学的对话》中论述了材料的力学性质和强度概念;随后,1660年英国学者虎克(Robert Hooke,1635—1703)建立了材料的应力和应变关系的胡克定律;以及1687年英国学者牛顿(Isaac Newton,1642—1727)关于力学的三大定律(其中,第一定律说明了力的含义,即力是改变物体运动状态的原因;第二定律指出了力的作用效果,即力使物体获得加速度;第三定律揭示出力的本质,即力是物体间的相互作用。)奠定了土木工程的理论基础。

在1765年英国工业革命发生前,由法国工程师佩罗内(Jean-Rodolphe Perronet,1708—1794)领导的巴黎桥路学校研究了石拱桥的压力线,并用力学和材料强度理论对拱圈和桥墩的尺寸进行了计算,建造了许多坦拱桥(图2-3-1),使欧洲的石拱桥设计达到了很高水平。虽然欧洲坦拱桥的出现比中国隋朝晚了一千多年,但却是建立在理论基础上的科学设计。

图 2-3-1　法国巴黎的协和桥

2 桥梁建筑生成与发展

西方桥梁发展从英国工业革命到第一次世界大战前的"进步时期"(1765—1874),金属材料逐渐替代天然的石料和木料成为桥梁的主要建筑材料。1779年,英国工程师 Abraham Darby Ⅲ(1750—1790)设计建造了世界第一座跨径30.65m 的铸铁拱桥——科尔布鲁克代尔(Coalbrookdale)桥(图2-3-2),也代表着古代桥梁的终结,被称为近代第一桥。

图2-3-2　英国科尔布鲁克代尔桥

随后,英国工程师 Thomas Telford(1757—1834)建造了多座跨径更大的铸铁拱桥,其中具有代表性的是1824年建成的跨径45.75m 的 Eaton Hall 桥,为建造多孔铸铁拱桥。1849年 R. Stephenson(1803—1859)创造了带系杆的拱桥,使桥墩免受拱的推力,形成了"系杆拱桥"的新桥型。

与此同时,受中国原始索桥的启发,英国于18世纪后半叶开始了建造近代悬索桥的尝试。跨径从最初的70ft(约21.34m)起,逐渐增大,到19世纪初,由英国工程师 John & William Smith 兄弟设计建造了主跨260ft(约79.25m)的苏格兰 Dryburgh Abbey 桥,该桥用熟铁眼杆作主缆取得了成功。接着,在威尔士和英格兰也建成了几座熟铁眼杆式悬索桥,如英国工程师 Sammel Brown 于1820年建成的主跨136.86m 的 Union 桥。1826年,英国工程师 Telford 建成了威尔士主跨达580ft(约176.6m)的 Menai Straits 桥(图2-3-3)。该桥仍用熟铁眼杆作主缆,采用石砌桥塔和石拱引桥,桥面用木板铺设,不幸的是该桥在1839年遭风毁,于1940年重建。此后,熟铁眼杆悬索桥逐渐向欧洲各国和美洲传布,在奥地利、匈牙利、苏联、美国和南美洲的巴西建成了许多跨径在 100～340m 范围的悬索桥,成为 19 世纪欧美铁桥建设的重要成就。

图 2-3-3　Menai Straits 桥

1850 年英国工程师 R. Stephenson 用熟铁钣件建成了跨径达 141m 的巨型箱梁桥——Britannia 桥(图 2-3-4)。由于锻铁箱梁桥过于笨重,1857 年,德国工程师 H. Gerber 在木屋桁架的启发下建造了 6 跨 131m 的多腹杆格子桁架桥。1864 年又建成了第一座带挂孔的悬臂桁梁桥,分跨为(23.9+37.9+23.9)m。这种静定的悬臂桁架带挂孔的体系被称为盖尔勃式桁架,因受力分析简单清楚,在欧美各国很快流行开来,成为当时大跨径铁路桥梁的主要桥型。如 1859 年英国的艾伯特桥,主跨达 138.6m;1860 年法国的鲁扎特高架桥,主桥跨径为(55.125+57.75+49.125)m。

图 2-3-4　Britannia 桥

1874年美国开始用钢材代替锻铁建造了第一座钢拱桥,开启了大跨径钢桥建设的新时代。此后,工程师们逐渐放弃铸铁和锻铁,而采用性能更好的钢材,桥梁的跨径也大大增加。1890年,英国建成了跨径达521.2m的英格兰福斯桥(图1-2-1)。该桥采用悬臂法施工,基础为气压沉箱,成为近代钢桥的代表作之一。

1909年,美国建成了连接纽约长岛和曼哈顿跨越东河的昆斯桥,分跨为(143.17+360.4+192.15+300+140)m的悬臂桁架桥,并且第一次采用低合金钢(含镍3%),其强度比碳钢增大了40%,因而大大减轻了桥的自重。主跨达548.78m的加拿大魁北克桥经历了两次悬拼施工事故(第一次为压杆腹板失稳,第二次为挂孔连接铸件压坏),最终于1918年艰难建成,创造了悬臂桁架桥的最大跨径。

在1869年开始建造主跨486m的纽约布鲁克林桥(图2-1-2)时,第一次使用冷拔钢丝代替熟铁眼杆为主缆,移居美国的德国工程师罗布林(Roebling)一家三人(父、子、媳)历经艰辛,终于在1883年建成该桥,成为近代钢悬索桥的代表作。

近代悬索桥的发展得益于计算理论的进步。1888年,奥地利工程师米兰提出的挠度理论开始引起人们的注意。1912年,移居纽约的立陶宛工程师莫西夫第一次用挠度理论设计了曼哈顿桥获得成功,和附近较早建成的布鲁克林桥(1883年)和威廉斯堡桥(1903年)相比,桥塔和主梁都显得比较纤细,取得了很好的经济效益。

此后,挠度理论很快推广开来,美国在1926—1940年期间由莫西夫设计或咨询,采用挠度理论建成了多座大跨径悬索桥,其中著名的有华盛顿桥($L=1067$m,1931年)、金门大桥($L=1280$m,1937年,图2-3-5)等。

图2-3-5 金门大桥

挠度理论的优点在于,利用悬索桥的重力刚度以降低桥面的弯曲刚度,使设计工程师逐渐放弃笨重的桁架加劲梁,改用更经济的板梁桥面。并且随着板梁高度的降低,所承担的弯矩也相应减小,从而保证桥面结构的安全。然而,1940年建成的华盛顿州塔科马桥主跨达853m,双车道的桥宽仅11.9m,板梁加劲梁高为1.3m,对桥面扭转刚度的忽视和断面气动性能的恶化,最终导致建成仅四个月的塔科马桥的风毁(图2-3-6)。此后,悬索桥的加劲梁又回到气动性能较好的空腹桁架,并成为第二次世界大战前悬索桥的基本形式。

图2-3-6 塔科马桥风毁

钢筋混凝土桥(1875—1945)的诞生,1875年,法国工程师Josph Monier建造了第一座跨径13.8m、宽4.25m的钢筋混凝土人行桥Chazelet Bridge。这是一座T形梁桥,是从房屋的楼盖移植而来的新型桥梁,也是钢筋混凝土桥的先声。1877年,法国工程师赫尼波柯(Hennebique)建造了跨径16m、宽4.0m的钢筋混凝土人行桥,1898年他又设计建成了跨径为52.46m的钢筋混凝土拱桥——夏特罗桥(Chàtellerault Bridge)。

奥地利工程师米兰于1890年发明了用劲性骨架作为拱架,浇筑钢筋混凝土拱桥的工法,被称为米兰法,使拱桥的跨径超过了100m。如1911年建成的罗马复兴桥($L=100$m),和1914年的瑞士蓝格维斯桥(Langwies Bridge,$L=100$m)。1943年瑞典桑多桥(Sandö Bridge,图2-3-7)达到了178.4m的跨径,是近代钢筋混凝土拱桥的代表作。

2 桥梁建筑生成与发展

图 2-3-7　瑞典桑多桥

早在 1886 年,美国工程师 Jackson 最早获得预应力的专利,1888 年德国工程师 Doehring 也获得在楼板中加预应力的专利,但均因钢筋中预应力值过低,很快又因混凝土的徐变和收缩损失而失败。直到 1928 年法国工程师弗莱西奈(Freysinett)采用了高强度钢丝和高强混凝土,并发明了锥形锚(1939)后,预应力才获得成功。第二次世界大战后因钢材的紧缺,为修复被战争破坏的桥梁,预应力混凝土技术才真正得到了飞速的发展。

18 世纪以后,欧洲率先进入工业社会,从根本上改变了 200 年来西方文明的历史,促进了大规模的铁路桥梁建设。纵观西方世界近代桥梁三百年的发展历程:从第一阶段(1660—1765)的理论奠基,到第二阶段(1765—1874)铸铁拱桥和(熟)铁桁架桥和眼杆悬索桥以及第三阶段(1874—1945)的钢桥(钢桁架桥、钢拱桥和钢悬索桥)和随后出现的钢筋混凝土桥。可以说,西方近代桥梁的主流是钢铁桥梁,包括许多铁路桥梁和城市桥梁,其中具有里程碑意义的代表性桥梁当推 Coalbrookdale 铸铁拱桥、苏格兰福思钢桁架桥、纽约布鲁克林钢悬索桥,以及 20 世纪 30 年代建成的代表近代桥梁最高成就的乔治·华盛顿桥、金门大桥(图 2-3-5)、瑞典桑多桥(图 2-3-7),以及悉尼桥(图 2-3-8)。桥梁的跨径从最初仅 30.65m 的铸铁拱桥发展到钢拱桥和悬臂钢桁架桥已超过 500m,悬索桥从不足 100ft(约 30.48m)的熟铁眼杆悬索桥到 468m 的布鲁克林桥(图 2-1-2),华盛顿桥已突破千米,金门大桥(图 2-3-5)更达到 1280m 的惊人纪录,这是十分了不起的成就,凝聚了许多桥梁先驱者的智慧和艰辛。

图 2-3-8　悉尼桥

2.3.2　现代西方桥梁技术

20 世纪初期,西方工业社会获得空前发展,日趋发达。美国于 20 世纪 30 年代掀起了第一个大跨悬索桥建设高峰,以纽约华盛顿桥(跨径 1067m,1931 年建成)、金门大桥(跨径 1280m,1937 年建成)为代表显示出其桥梁领域的垄断实力。第二次世界大战结束后,世界进入了相对和平的建设时期。经过一段时间的战后恢复期,欧美各国于 20 世纪 50 年代陆续开始实施高速公路建设和城市化的计划,出现了许多作为现代桥梁工程标志的创新技术,其中预应力技术及有关的施工方法、斜拉桥的复兴以及流线型扁平钢箱梁悬索桥的问世是第二次世界大战后现代桥梁工程的三项最重要的标志性成就,它们分别由法国、德国和英国的著名工程师及学者所发明和创造,大大推进了现代桥梁工程的飞速发展。20 世纪 50 年代起,联邦德国经济的复苏推动了桥梁工程的发展,斜拉桥结构得以初现光芒,并很快影响世界桥梁工程界;20 世纪 60 年代,日本、丹麦开始兴建跨海桥梁工程。

1) 在创新桥型和体系方面的主要代表性成就

(1) 斜拉桥,联邦德国 Dischinger,瑞典 Strömsund 桥,1956 年;

(2) 带挂孔混凝土斜拉桥,意大利 Morandi,委内瑞拉 Maracaibo 桥,1962 年;瑞典 Strömsund 桥和委内瑞拉 Maracaibo 桥;

(3) 提篮拱桥,联邦德国 Leonhardt,Fehmarnsund 海峡桥,1963 年;

(4) 流线型箱梁悬索桥,英国 Gilbert Roberts,Severn 桥,1966 年;

(5) 密索体系斜拉桥,联邦德国 Homberg,Friedrich Ebert 桥,1967 年;

(6) 无风撑拱桥及斜拉桥,考虑非保向力效应的稳定理论,联邦德国 Knie 莱茵河桥,1969 年;

(7) 混合桥面斜拉桥,联邦德国 Leonhardt,Kurt Schumacher 桥,1971 年;

(8) 悬带桥,美国 T. Y. Lin 国际,哥斯达黎加科罗拉多桥,1972 年;

(9) 脊骨梁桥,美国 T. Y. Lin 国际,旧金山机场高架桥,1973 年;

(10) 倾斜索面斜拉桥,联邦德国 Leonhardt,Köhlbrand 桥,1973 年;

(11) 单索面混凝土斜拉桥,法国 Müller,Brottone 桥,1977 年;

(12) 连续刚构桥,瑞士 Menn,Feigire 桥,1979 年;

(13) 矮塔斜拉桥,瑞士 Menn,Ganter 桥,1980 年;

(14) 斜拉-刚构协作体系,联邦德国 Leonhardt 公司 Svensson,E. Huntington 桥,1985 年;

(15) 用波折钢板作腹板的结合梁桥,法国 Maupre 桥,1987 年;

(16) 无背索斜拉桥,西班牙 Galatrava,Alamillo 桥,1992 年;

(17) 斜拉-悬索协作体系,英国 Flint-Neil 公司,印尼巴厘(Bali)海峡大桥方案设计,1997 年。

2) 在新材料及连接技术创新方面的主要代表性成就

(1) 高性能钢材 HPS-460-700-1100(中国 Q345-370-420),联邦德国、美国等国家,20 世纪 50—90 年代;

(2) 高性能混凝土 HPC-80-100-130-150(中国 C40-50-60),法国、联邦德国、美国等国家,20 世纪 50—90 年代;

(3) 高强螺栓连接,美国、联邦德国等国家,金门大桥的加固中首次采用,1951 年;

(4) 粗钢筋锚 Dywidag,联邦德国 DSL 公司,Worms 桥,1953 年;

(5) 封闭索(Lock-coil),联邦德国蒂森(Thyssen)公司,早期斜拉桥使用,Strömsund 桥,1955 年;

(6) VSL 夹片锚,瑞士 VSL 公司,1958 年;

(7)钢绞线群锚,法国 Müller,Brottone 桥,1977 年;

(8)HiAm 冷铸镦头锚,联邦德国 Leonhardt,Flehe 桥,1979 年;

(9)PE 护套平行钢丝成品索,日本新日铁公司,名港西大桥,1983 年;

(10)纤维增强复合材料(FRP),瑞士、联邦德国、美国、日本,20 世纪 70—90 年代;

(11)大行程伸缩缝,瑞士、联邦德国、日本明石海峡桥,20 世纪 70—90 年代;

(12)碳纤维拉索,瑞士、日本,20 世纪 90 年代;

(13)组合结构新型剪力器(PBL),德国 Leonhardt,日本鹤见航道桥,1994 年;

(14)超高强钢丝,1860~2000MPa(中国 1600~1770MPa),日本新日铁公司,明石海峡大桥,1998 年。

3)在创新结构构造及附属设备方面的主要成就

(1)各向异性钢桥面,联邦德国 Leonhardt,Koeln-Mannheim 桥,1948 年;

(2)大直径钻孔灌注桩基础,意大利 Morandi,委内瑞拉 Maracaibo 桥,1962 年;

(3)软土地基摩擦锚碇,丹麦,小海带桥,1970 年;

(4)分体箱桥面抗风构造,英国 Brown,20 世纪 80 年代;

(5)桥梁纵向缓冲装置,美、英,20 世纪 90 年代;

(6)悬索桥主缆除湿装置,日本,明石海峡大桥,1998 年;

(7)全装配式三向预应力桥,法国 Müller,JMI 国际公司,泰国曼谷机场高架路,1999;

(8)加筋土隔震基础,法国 Combault,希腊 Rion-Antirion 桥,2003 年;

(9)剪力键抗震塔柱,美国 T. Y. Lin 国际公司邓文中,旧金山新海湾大桥,2007 年。

4)在创新工法及装备方面的主要成就

(1)挂篮悬浇工法,联邦德国 Finsterwalder,Worms 莱茵河桥,1953 年;

(2)斜拉桥施工控制的"倒退分析法",联邦德国 Leonhardt,Theodor Heuss 桥,1957 年;

(3)顶推法,联邦德国 Leonhardt,奥地利阿格尔桥,1959 年;

(4)移动模架现浇法,联邦德国勒沃库森(Leverkusen)桥,1959年;

(5)移动托架拼装法,联邦德国 Wittfoht,Krahnenberg 桥,1961年;

(6)预制节段架桥机拼装法,法国 Müller,Oleron 高架桥,1964年;

(7)梁上运梁法,丹麦,Sallingsund 桥,1978年;

(8)前置式轻型挂篮悬浇法,美国邓文中,Dames Point 桥,1988年;

(9)悬索桥主缆 PPWS 法,日本,南备赞濑户桥,1988年。

5)在创新理论及分析方法方面的主要成就

(1)计算机技术和有限元分析理论

1946年世界上第一台电子计算机"埃尼阿克"(ENIAC)诞生,1981年世界上第一台个人电脑问世,电子计算机的应用大大促进了人类文明的进步。1943年,Courant 首先用了单元概念;1945—1955年,Argyris 发展了结构矩阵分析;1956年 Clough 将结构矩阵分析思路引入弹性力学分析,并于1960年首先提出"有限元法"的名称,并在20世纪60年代逐步形成和完善。一大批数学家、力学家和工程师在这一领域内作出了重要贡献。

(2)桥梁设计分析软件

有限元分析理论与计算机技术的发展为设计分析软件的研发奠定了基础,20世纪70年代,逐步出现了许多大型有限元商用软件(表2-3-1),有限元法开始逐步应用于桥梁设计分析。

著名大型有限元商用软件 表2-3-1

软件名称	软件研制单位	第一次公布时间	主要最初开发者
Ansys	Swanson 分析系统公司	1970	Swanson
NASTRAN	Mac-Neal Schwendler 公司	1970	MacNeal
SAP	美国加州大学伯克利分校	1970	E. L. Wilson
TDV	Dorian Janjic & Partner GmbH 公司	1970	D. Janjic
ADINA	ADINA 工程公司	1975	Bathe
ABAQUS	Hibbitt,Karlson 公司	1979	Hibbitt
Lusas	Finite Element Analysis 公司	1982	Paul Lyons
Midas	MIDASIT 公司	1989	—

(3) 抗震理论

20世纪初,旧金山和关东大地震两次灾难引起了工程界对结构抗震研究的重视。工程界在地震基础理论、强震记录、模型试验、分析理论方面开展了基础性研究工作。1940年后,结构抗震研究进入迅速发展时期。1943年,Biot发表了以实际地震记录求得的加速度反应谱;20世纪50—70年代,以美国Housner、Newmark、Clough和日本武藤清为代表的一批学者,奠定了现代反应谱抗震设计理论的基础,并进行了结构弹性和弹塑性动力反应时程分析方面的研究工作;70年代Newmark、Park、Paulay等提出抗震结构延性设计概念;90年代中期,美国、日本学者先后提出了基于性能的抗震设计方法。

(4) 抗风理论

1940年塔科马悬索桥在低风速下发生的风毁事故开启了全面研究大跨径桥梁风致振动和气动弹性理论的序幕,美国T. Von Karman等开展了桥梁模型风洞试验。抗风理论研究从20世纪60年代逐步形成和完善。加拿大Davenport提出采用统计数学的方法来进行风工程研究,创造性地解决了随机抖振问题,并将风效应表示成等效风荷载形式;美国Scanlan建立了桥梁颤振理论和考虑颤振作用力的颤抖振理论;90年代计算流体力学有了显著进步,目前已能解决均匀流、简单形体、低雷诺数下的数值模拟计算问题。

(5) 非线性及稳定理论

19世纪末,科学家发现固体力学线性理论在许多情况下并不适用,开始了对非线性力学问题的研究。1888年,奥地利Melan首次提出挠度理论并应用于悬索桥分析;20世纪中叶,奠定了非线性力学的理论基础;1959年,Newmark首先提出了求解非线性动力问题的Newmark-β法;20世纪60年代初,Turner、Brotton等开始发表求解结构大位移、初应力问题的研究成果。20世纪60年代末,有限元法与计算机相结合,使工程中的非线性问题逐步得以解决。

在稳定方面,1744年欧拉(L. Eular)提出了压杆稳定的著名公式;恩格塞(Engesser)和卡门(Karman)等根据大量中长压杆在压曲前已超出弹性极限的事实,分别提出了切线模量理论和折算模量理论。20世纪80年代起,科学家们在计算机分析的基础上逐渐建立起了空间弹塑性稳定理论。

(6) 健康监测及振动控制理论

1969年,Lifshitz和Rotem所写的论文"通过动力响应监测评估结构健康状态"被视为阐述通过动力响应监测评估结构健康状态的现代结构健康监测理念的第一篇论文;1987年起,英国在总长522m的三跨连续钢箱梁桥Foyle桥上布设传感器监测大桥运营阶段在车辆与风载作用下主梁的振动、挠度和应变等响应,该系统是最早安装的较为完整的健康监测系统之一。

20世纪60年代,线性系统理论、现代控制理论的进展为结构主动振动控制奠定了理论基础;1972年姚治平结合现代控制理论,提出了土木工程结构振动控制的概念,开创了结构振动主动控制研究的新阶段;1973年加拿大多伦多电视塔首次安装了被动控制式的调谐质量阻尼器(TMD);1989年日本东京京桥成和大楼第一次采用了主动质量阻尼器(AMD)。结构控制研究经历了被动控制及主动控制理论研究、主动控制装置应用研究等阶段。

(7) 车桥耦合振动及船撞理论

20世纪初,克里洛夫、铁摩辛柯(Timoshenko)等人用解析法开展了移动常量力过桥时桥梁动力响应的研究,随后夏仑开普(A. Schalenkamp)、英格利斯(Inglis)、毕格斯(Bigggs)等人进一步研究了移动质量和弹簧质量模型过桥的桥梁动力响应,这些研究可统称之为古典车桥振动理论。20世纪60年代后,有限元理论的出现和计算机的逐步广泛应用以及西欧一些国家相继开始了高速铁路的修建,使车桥耦合振动理论和试验迅速发展,现代车桥振动研究计算模型更加精细逼真,计算理论从平面向空间发展,车桥之间的动力相互作用和耦合关系得到较为深入的研究,分析的桥型也从过去梁桥扩展到拱桥、斜拉桥、悬索桥等复杂桥型。研究成果已开始应用于高速铁路桥梁的设计以及桥梁规范相关条文的制订。

船撞桥问题的系统研究始于20世纪80年代,国际桥梁与结构工程协会(IABSE)、美国国家公路与运输协会(AASHTO)、欧洲标准(Eurocode)等组织或标准中已经制定了专门的设计规范或指南,国内外多座大型桥梁中也实施了各式各样的防撞设施。但目前该领域研究还不成熟,研究集中在设计思想、防护策略、船撞力计算及防护设施设计等方面。

(8)耐久性分析理论

20世纪60—70年代,混凝土的耐久性问题被发现,成为世界瞩目的问题。Holland 于1993年对耐久性给出如下定义:在正常维护条件下,经过一段时间,材料和结构的承载能力和使用性能没有发生大的变化的能力。国内对耐久性一般定义为:结构在设计要求的目标使用期内,不需要花费大量资金加固处理而保持其安全、使用功能和外观要求的能力。近年来,耐久性方面的研究在材料层次主要集中在大气环境中混凝土的碳化和钢筋的锈蚀问题研究方面,在构件层次主要集中在锈蚀钢筋混凝土构件的受力性能研究方面,在结构层次主要集中在调查、评估等方面。目前该领域内的研究热点包括耐久性计算机数值模拟分析系统、耐久性基础试验、基于全寿命的混凝土桥梁设计方法等方面。

回顾西方现代桥梁工程走过的六十年,许多桥梁新体系、新结构、新材料、新工法以及新的理论和分析方法的创造和发明使现代桥梁工程呈现出完全不同于近代桥梁工程的崭新面貌:现代桥梁工程的价值源于创新精神。随着新工法的出现和相应施工装备的不断升级换代,使桥梁施工也日益精确、轻便、自动控制,更少依赖人工操作,从而使工程质量更好、更耐久,又推动材料不断向高性能发展。可以说,现代桥梁工程的质量和耐久源于装备的不断创新。我们必须加强质量观念,依靠先进的装备来控制工程质量,大大减少对人力的依赖。

桥梁工程师还应当不断提高美学素养,掌握美学设计方法,提倡和建筑师合作,更应该提倡直接培养桥梁建筑师,只有做好桥梁建筑师和工程师之间的合作,应用建筑学原理,全面分析桥梁建筑与人、桥梁建筑与社会、桥梁建筑与自然的相互影响和作用,遵循桥梁建筑的美学法则和形式美规律,按照建筑学的创作思维方式不断探索构思,通过寻找最优的结构的比例与造型、平衡与和谐,趋向最合理的受力性能、最经济的结构和最方便的施工,使之构建成一种最优化的体系环境,创造出优美的桥梁,进一步满足人类社会和自然环境对桥梁工程艺术上更高层次的心理期望和需求,促进社会文明与进步。

3 桥梁建筑作用要素

3.1 桥梁建筑与人

3.1.1 桥梁建筑为人所需

(1)桥梁建筑满足人类活动的基本需求

建筑与人的关系密不可分,建筑为人所需而建,为人所建,为人所用,为人所鉴,这是不言而喻的。常言"衣、食、住、行"为人类活动的基本需求。这里的"住"狭义上讲就是住所,就是居住建筑,因此"居住建筑"就是最早出现的一种建筑形式。而这里的"行",应该指的就是人行物流的载具以及与其配套的交通水运、航空、道路(铁路和公路)系统,而作为交通道路系统重要成员之一的桥梁建筑,是沟通东西、连接南北及人行车驶的通道纽带,是人类活动基本需求比较强烈的重要建筑形式。

(2)桥梁建筑须满足人的物质和精神需求

人的需求不仅有物质需求,还有精神需求,因为人类依赖的不仅是物理方面的机能,还需考虑心理方面的机能。按照美国人本主义心理学家柏拉罕·马斯洛研究人的心理需求理论,人的需求具有层次性,由低级到高级构成一个梯形,如图 3-1-1 所示,从"生理需求"→"安全与保障"→"爱与归属"→"自我与他人尊重"→"真善美"→"自我实现",最基础的是"生理需求",依次向上,直到最高层的"自我实现"的高级心理需求。人

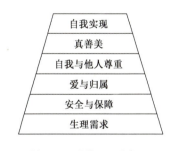

图 3-1-1 人类心理需求

的需求层次基本分为三类,即基本的生理需求、心理需求(安全与保障、爱与归属、自我与他人尊重)及意识形态需求(真善美、自我实现)。生理需求为人的动物性本能需求,心理需求和意识形态需求则是人区别于动物的高级特征,即为人

桥梁建筑概论

类典型的精神需求。

建筑、绘画、雕塑经常被称为人类社会亘古以来的三大造型艺术。而建筑艺术作为实用艺术又不同于绘画和雕塑艺术，特别是桥梁建筑艺术又有着不同于其他建筑艺术的显著特点。

第一，桥梁建筑与其他实用性建筑（如住所、厂房、场馆等）、纪念性建筑（如纪念碑、雕塑等）和观赏性建筑不同，它首先是一种具有跨越障碍能力和运输通道能力的实用结构物，它的跨度是房屋建筑远远无法比拟的，往往跨越大河、峡谷和海峡，所以它的实用功能性是第一位的，不仅应表现出结构上的高大和强劲（力感）、稳定（安全感）、连续（通畅感）及卓越的跨越能力，而且还要具有优美的形态和内涵（环境、人文、历史），只有全面达到其内容和形式的高度融合统一，同时满足人的物质需求（连接、通行、交流）和精神需求（心理需求、意识形态），才能够成就不朽传世的桥梁建筑艺术。

第二，桥梁建筑作为一种工程结构，在艺术上的表达条件和自由度远不及其他艺术。桥梁建筑基本上都是由几何形态的线、面构成的空间形体，其可视形象能够给人以庄严、雄伟、稳定挺拔、轻巧明快的愉悦，可给人们以其卓越跨越能力克服障碍得以到达彼岸等方面的心理感受，却比较难以其建筑自身的形式去表现出更多具体的艺术内涵。常常需要借助桥头堡和护栏等雕塑、绘画、匾额、书法、诗词等其他艺术形式去构成深厚的艺术意境，使人产生联想、激发情感、抒发胸怀。有时还要借助音乐、声音、光影、照明等来渲染环境的文化艺术氛围。

第三，桥梁建筑是开放外露的空间实体，房屋建筑是空间的分隔组合，是人们生活、工作、学习、休闲、娱乐等活动的空间，常常是封闭的凝固空间，从外观很难看出其内部复杂多变的结构。桥梁建筑则具有空间的延续和拓展功能，是沟通东西、连接南北及人行车驶的通道纽带，具有独特开敞、外露的结构特征。在宏观上，桥梁的形态表现为"线"；在内部空间上，桥梁自始至终是开放而连续的，桥梁上所有的结构构件均毫无阻挡地直接落入人们的视觉感受范围内，组成部分一目了然，功能关系明确。因此，无论是桥梁的总体，或是桥梁中各构件的设置及相互关系以至各构件本身的形态和尺度，均可对桥梁的美学形态产生影响。

而桥梁功能的需要,决定了其基本形态是纵向单维突出的空间结构物,即桥梁建筑的长度尺寸与桥的宽度、高度尺寸相比差距较大。这种特殊的建筑形态在视觉平衡上,体现在其尺度和比例的均衡和谐方面,是桥梁建筑设计中必须重视的问题,这也带来了其独特的艺术魅力。只有正确全面地把握它的艺术特性,才能够创造出独特的桥梁建筑美。

第四,桥梁建筑的活载(车辆、行人)比房屋建筑的占比要高得多,施工方法多样,施工历程复杂,并且可能发生复杂的结构体系转换。

第五,桥梁建筑只有立足于现实条件、经济能力,最大限度地发挥技术、材料、装备的作用以及人类的智慧,才能实现推动技术进步与艺术的完美结合,成就桥梁建筑之美。

如果设计的桥梁建筑仅仅达到物质功能的需求,那就仅仅造就了一座可通行、可用的桥梁,则绝不是一座好的桥梁建筑作品。桥梁建筑师除了要理性解决解决桥梁功能需求(物质需求)外,最重要的是还要使其具备较优美的建筑美感(精神需求),这也是从古至今人们把建筑视为艺术领域重要一员的原因。土木设计与建筑设计两者最大的不同在于对美感的追求,土木工程强调结构设计的功能与安全保障,是一门典型的工程学科;建筑设计则是利用人类历史上对美的探寻而成为结合艺术与工程于一体的一门学科。因此建筑物必须要功能和美感兼备,才能成就为一个好的建筑艺术作品,二者不能偏废。如果仅仅满足功能(物质需求)而没有美感(精神需求),那只是一座可用而非美好的建筑;反之若是只满足美感(精神需求)的要求而忽视使用功能(物质需求),则变为不具备建筑意义与内容的雕塑类大型视觉艺术品。前者虽不完美,但后者连基本的使用功能都达不到,彻底忽视了人的根本物质需求。

实际上所有的建筑设计首先是完成一种功能的实现,解决一个功能问题;设计的另一面就是解决艺术问题,最终的产品应该是美丽的、有效的、令人赏心悦目的。设计和艺术是不可分离的关系,它既是一种解决问题的行为,同时也是一门艺术。桥梁建筑的精神要求,最高最重要的就是要满足人的审美要求,要能陶冶人的心灵,给人以美的享受。无论什么建筑,不仅要满足设计功能要求,而且要讲究其内部空间形态及外部造型。

(3) 桥梁建筑满足社会人的交往需求

前面已经提到,桥梁建筑与房屋建筑的凝固空间不同,它其实具有空间的延续和拓展功能,不仅是沟通东西、连接南北及人行车驶的通道纽带,还具有比较独特的结构特征。一般桥梁建筑的桥面空间行人通车,也有的桥梁设计为上下两层行人通车,有的还设有观景电梯和平台(如桥面和主塔观景平台等)。跨河流的桥下空间可以行船,城市里的高架桥、立交桥下空间则有更多的用处,除了行人通车,还可设置停车场,有的还开设商场、茶歇或咖啡店等。中国古代桥梁有的还在桥上设置有廊亭,廊桥成为人们遮风挡雨、雅饮品茶、欣赏风景、陶冶情操的平台空间。这就使得桥梁建筑空间不仅具有行人通车的功能,还具备有满足人际交往需求的"共享空间",能够满足人们希望多互相了解学习、共同提高的交往需求,这是一种公认的建筑时尚,也是城市桥梁建筑尤其是旅游风景区的人行桥梁建筑设计要考虑到的一个重要因素。

(4) 桥梁建筑满足未来的需要

桥梁建筑是百年大计,它既要满足人当前的需要,也要适应人未来的需要,这种需求表明桥梁建筑也有时间的要素。首先,桥梁建筑的存在有时间性,有一定的寿命,如果设计中考虑到有桥梁未来可能需要加宽和加固的可行措施,则是一种比较有前瞻性的艺术体现。其次,桥梁建筑的使用功能也可以随着时间的流逝而发生变化,如重载交通转化为轻载交通和人行桥,或变为相关管线的跨越通道,甚至变为仅被观赏的古建筑(如赵州桥)等。桥梁建筑考虑时间要素,就是要它能够吸收并适应时代和情况变化的影响,适应未来人变化中的需求。

"一桥飞架南北,天堑变通途。"缩千里为咫尺,联两地成一家。一座桥,连接的是过去与未来、陌生和熟悉;连接是野蛮与文明、梦想和归宿。如果说建筑是凝固的诗,那么桥梁建筑则无疑是这些瑰丽的诗篇中最为潇洒写意的一笔。桥梁建筑发展到今天,已不仅仅是满足实用功能要求的工程结构物,它还常作为建筑艺术实体得以长久地存在于人类的社会生活中。一座兼具实用功能与艺术审美的桥梁建筑作品,既能够显示出一个国家的先进技术、材料、装备与生产工艺水平,也能充分反映社会生活,反映社会意识形态,更能够反映出时代精神和当代人的创造力。

3.1.2 桥梁建筑为人所建

(1) 桥梁建筑为人所建,这是桥梁建筑与人关系的一个根本特征

建筑的存在是实体和空间的统一,这个实体是"人"造出来的,建筑是"人"自觉利用物质手段为某种特定的活动需要而建造成的空间,称为人造的建筑空间,它有别于自然空间和动物营巢筑窝。虽然动物巢窝由泥土、树枝、草藤等组成,天然的溶洞也由物质(山岩)构成,但它们不是人造,所以不称其为建筑。由于建筑是"人"有目的建造的,因此必须实现它的建造目的,满足它的使用要求。

同样,在自然界里,或许一棵树偶然倒下横过溪流形成天然的木桥,蔓藤从河一岸的一棵树生长到另一岸的一棵树形成天然的索桥,天然洞穴的石梁(石拱)也可以形成天然的梁桥或拱桥,可谓鬼斧神工,天然巧成。但这些天然形成的自然桥梁不能称为桥梁建筑,因为它们不是人造的。人们为了方便人行物流通畅交流的特定目标,利用物质技术手段而修建的能够跨越河流沟壑等障碍物的人工构筑物,这就是桥梁建筑。

(2) 桥梁建筑是人利用物质手段建造的

桥梁建筑是某种特殊的"空间存在",是"实"的部分和"空"的部分的统一,"实"的部分是下部构造的基础、承台、墩柱、盖梁、主塔等,是上部构造的桥身(主梁、拱圈等)、主缆、索、护栏、伸缩缝、支座等。"空"的部分是由这些实体合成的桥面空间、桥下空间、桥身内部空间等。因此,桥梁建筑必须是通过实际的物质材料(如土、木、石、砂、砖、铁、钢材、水泥、合金等)及相应的技术手段将其建造起来的。这也是桥梁建筑作品不同于其他诸如文学、音乐及书画等艺术的根本区别之一。桥梁建筑才是真正利用物质材料通过技术手段来构成的,它的使用功能是借助物质材料构建的桥面空间、桥下空间、桥身内部空间来实现的。

(3) 桥梁建筑随着物质技术的发展而发展

桥梁建筑的发展与人类的文明进步密切相关,应当说它源自远古和自然,早期人类发现通过自然木桥、天然洞穴的石梁(石拱)可以跨越河流沟壑而生产生活。在公元前4000年左右,人类开始定居,过着部落生活,开始更多地考虑永久性的桥梁,古代的桥梁均利用天然材料修建,如藤、树木、竹子、石头等,极其简易

桥梁建筑概论

且跨越能力不大，耐久性极差，后来砖的发明开始了人工材料应用于桥梁建筑的历史，但也基本上属于古代桥梁的范畴。直到人工金属材料的发明用于桥梁建筑方面，才开始了近代桥梁建筑的大力发展，修建了很多铸铁桥梁，引起了桥梁技术的极大进步。而现代桥梁则得力于钢材和混凝土材料的发明和使用，开启了现代桥梁建筑的辉煌发展，成就了大量的在人类生活中至今仍然还发挥巨大作用的经典桥梁建筑。

所以，物质材料是推动桥梁建筑发展的极其重要因素之一，材料性能的提高是桥梁工程不断进步的原动力。大家看到，现代桥梁目前仍以钢材和混凝土为主要建筑材料。但过去的六十年间，钢材已经从 S343 发展到 S1100，混凝土从 C30 发展到 C150，有了长足的进步。各种轻质高强复合材料和智能材料也在桥梁工程中得到应用。未来，纳米技术和生物技术可能成为技术革新的重要动力，其进入桥梁工程应用领域成为新一代建筑材料的载体，例如工程塑料、增强纤维塑料、高强碳纤维材料、记忆金属材料和各种高性能的复合材料等。新材料的发展必将带动桥梁工程领域引起革命性的巨变，包括设计理论、体系构造、连接工艺、施工装备和工法、跨径、经济适用性等方面。

设计理论和计算分析能力也是推动桥梁建筑发展的重要因素之一。古代人类只能凭借不断实践和总结经验来修建桥梁建筑，直到 17 世纪中叶开始，近代土木工程在设计理论方面才开始约一百余年的"理论奠基时期"。首先论述了材料的力学性质和强度概念；随后，建立了材料的应力和应变关系的胡克定律，出现了牛顿关于力学的三大定律；最后才真正奠定了土木工程的理论基础。1765 年法国工程师佩罗内领导的巴黎桥路学校首先研究了石拱桥的压力线，并采用力学和材料强度理论对拱圈和桥墩的尺寸进行了计算，这才真正意义上建立在理论基础上的科学设计。

1888 年奥地利工程师米兰创立了悬索桥挠度理论，1912 年移居纽约的立陶宛工程师莫西夫第一次用挠度理论设计了曼哈顿桥获得成功，取得了很好的经济效益。此后，挠度理论很快推广开来，使采用挠度理论建成的大跨径悬索桥得到较大发展。钢筋混凝土桥和预应力混凝土材料和设计理论诞生于 18 世纪，随后混凝土桥梁得到了大力发展，成为现代主要的桥梁建筑形式之一。

20世纪以后,随着世界上第一台电子计算机的诞生,人类采用结构有限元分析理论对桥梁建筑进行弹性力学分析才有了可能,有限元分析理论与计算机技术的发展为设计分析软件的研发奠定了基础,建立在科学计算分析基础上的各种大跨复杂桥梁建筑得到了有力保证,各种更加复杂科学的抗震理论、抗风理论、非线性及稳定理论、空间弹塑性稳定理论、健康监测及振动控制理论、车桥耦合振动及船撞理论、耐久性分析理论等都得到了长足的发展。混凝土桥梁的设计方法也从最初的容许应力法到极限状态法,发展到半概率、全概率极限状态法,目前正向基于全寿命、基于性能的桥梁设计法等方面发展。

施工装备和工法等技术手段也是推动桥梁建筑发展的重要因素。许多桥梁建筑的新结构、新材料、新工法以及新的理论和分析方法的创造和发明,使现代桥梁工程呈现出完全不同于近代桥梁工程的崭新面貌。随着新工法的出现和相应施工装备的不断升级换代,施工工艺也日益精确、轻便、自动控制,更少依赖人工操作,从而使工程质量更好、更耐久,又推动材料不断向高性能发展,桥梁结构体系不断创新和跨越能力的不断提升。人类社会从建造小跨径结构简单的桥梁建筑开始,发展到如今能够建造通江达海的超大跨径和超大规模的复杂桥梁,极大地推动了现代桥梁建筑的高水平和高质量发展。

(4)桥梁建筑的合理性和经济性

桥梁建筑是人类社会利用自然资源,运用物质技术手段为满足人类通(车)行(人)需求的而建构起来的。桥梁建筑建造过程必将产生巨大的物质和人力资源消耗,促使人们在建造活动中,从桥梁建筑设计开始就应该在满足桥梁基本功能目标的同时,寻求先进、适当、合理的技术和物质体系。这就对桥梁建筑设计提出了经济合理性的要求,使得桥梁建筑设计必须在一定经济条件的制约下进行。

自从人类社会开始进行桥梁建筑活动以来,经济条件就表现出强烈的制约作用。无论从桥梁建筑原则和技术标准的差异,都离不开物质资源和人力资源的支撑,而这两项必不可少的社会资源又都离不开当时社会经济条件的制约。因此,桥梁建筑的经济合理性是桥梁设计中始终应遵循的一项基本原则。由于人类社会所处的地球资源有限性,自然要求资源使用的合理性和高效性,要求在进行桥梁建筑设计时必须根据时代社会生产力(包括科技)的发展水平、国家的整体经济发展状况、人民生活的现状以及对美好生活的向往等因素,力求做到在桥梁建筑设计中以最小的工程代价获得最大最好的实用效益,以达到人类社会和国家可持续发展的长远目标。

随着时代的进步,为了更好地保障桥梁建筑的质量、安全、环保和经济性,未来桥梁建设的发展方向是:混凝土桥梁将不断由现浇结构向装配式预制结构方向发展,由节段化、片装化结构向整体式结构方向发展,由有支架施工向无支架施工方向发展;我国将会建设更多的钢结构桥梁;必将大力推动桥梁建筑新结构体系、新材料、新工法以及新的理论和分析方法的创造和发明。

3.1.3　桥梁建筑为人所用

(1)桥梁建筑是为了"用"

人们建造建筑是为了"用"它,"用"是建造建筑的基本目的。建厂房是为了提供工业生产的场所,建住宅是为了提供住宿和生活的空间,建体育馆是提供体育竞技和观看的场所等。而建桥梁,则是给人们提供通江达海、跨越山间河谷、道路管线等障碍物的通行空间,是沟通东西、连接南北及人行车驶的通道与纽带,是人类活动基本需求比较强烈的重要建筑形式,这就是桥梁建筑的功能问题,功能是桥梁建筑物质性的基本目的。

建筑三要素"适用、坚固、美观"是早在公元前1世纪古罗马建筑理论家维特鲁威(Vifruvius)所著的《建筑十书》(知识产权出版社,2001年出版)中提出的,并把建筑的"适用性"放在第一位,放在"坚固"和"美观"之前。而20世纪美国芝加哥学派代表人物——建筑师路易·亨利·沙利文(Louis Henry Sullivan)甚至提出了"形式服从功能",把功能放在了绝对重要的地位。我国在20世纪中期提出的新中国建设方针就是"适用、经济、在可能条件下注意美观",也是把"适用"放在首位,视其为建筑的前提,在当时的社会经济条件下更是可以理解的。总之,不管是桥梁建筑还是房屋建筑,建造它们的目的就是为了"用",这是一个极为普通的常识,也是几千年来人类社会文明的共识。当今社会出现了极少数刻意求新求异、哗众取宠的所谓"桥梁建筑作品",甚至还建造了一些"假斜拉""假拱"的所谓景观桥梁,它们不顾"适用",不顾桥梁建筑结构受力合理的"力学法则",而仅仅为了达到装饰装修效果做的假结构、过度设计,都是工程的浪费,不经济,只是一味玩弄形式,是极不可取的。

(2)桥梁建筑要好看好用,经济适用

桥梁建筑要好用也要好看,桥梁建筑设计要适用,也要好看,这是适用与美观的和谐统一,也是理性思维解决功能技术问题的科学性与情感思维及塑造形象的艺术性的统一,二者不能偏废。桥梁建筑要建得起也要用得起,桥梁设计时要全盘考虑桥梁建筑的全寿命周期成本,即不但要考虑建造成本的经济性,还要考虑桥梁营运期的维护使用成本,以及今后可能需要的养护加固成本等,这才是一座桥梁建筑最合理的经济性问题。

(3)桥梁建筑的人性化和个性化

桥梁建筑还需要"用"起来感觉到舒适和方便。这就需要设计师时时关注当今人的个性化和人性化要求,进行人性化的桥梁建筑设计。在早期工业社会,各项社会生活受到物质技术手段的支配,人的个性需求被抽象为群体需求,个性被共性所代替,随着技术本身的日益自主化,人在技术的支配下终究丧失了自由,变得无所作为。工业社会中"被物化的人"个性差异被忽视,造成缺乏个性和人性化的同质化桥梁建筑设计比比皆是。但是随着经济的发展和社会的进步,人们对城市生活的质量要求越来越高,不仅要求有舒适便利的建筑环境,更要求有适宜人居住的自然环境、精神环境。人的精神需求是人性的本质特征。因此,桥梁建筑设计师十分需要关注人文科学的发展,一方面要注重桥梁建筑与心理学、行为学、文化人类学和民俗学等社会人文学科的结合,同时要深入生活,体验生活,设身处地为人着想进行设计,使桥梁建筑成为人类的审美对象,能够体现人类社会的政治、经济、文化、科技发展水平,并能够反映当地的历史、风俗、民情,体现出人类克服困难、改善生存生活环境的时代精神。

(4)人体与桥梁建筑尺度

在建筑设计中,必须充分了解把握好"建筑主体—使用者—人的尺度"问题。"尺度"的概念在建筑领域是一个非常重要和经常使用的概念,其内涵非常丰富,具有本体论和方法论的双重意义。尺度是协调建筑与人关系的一把尺子,既是人们使用的依据,又是人感受建筑的依据。"尺度"对于建筑来讲也是感受建筑空间特性和舒适的一把尺子,正是人体的尺寸,使建筑及其各个构件和空间都具有了尺度上的特征,并形成一定的规律。作为一个建筑师经常利用这些尺度特征及其规律进行建筑空间的设计和创造,以表达不同的空间创作效果。尺度较小的构件和空间可以产生亲切感、舒适感;尺寸大的构件和空间,则可以产生一种宏伟的气派,给人一种庄重、纪念性的感觉。房屋建筑使用的是其内部空间而非结构,所以房屋建筑结构构件的尺寸相对较小,其尺度比整个房屋建筑的尺度小得多,因而构件本身的形态对整个房屋建筑的形态影响较小,并且构件的布置可以随着空间的变化而变化,因此房屋建筑的美学形态比较丰富,比较容易运用一些基本的美学构图法则。

桥梁建筑的形态主要受跨越功能要求的影响,而且桥梁具有结构构件外露,其尺寸与其受力体系密切相关等特点,与一般意义上的建筑相比,其美学形态的表现所受的制约是较大的。首先,总体形态层面上,桥梁外观形体主要是由线或面构成的,这种"线形"的构图要素在桥梁总体外观形态中所带的变化就比"体"的组合在房屋建筑形态中带来的变化少得多,因而,在桥梁建筑形态设计中,一些构图的基本法则,如统一与变化的规则就不如房屋建筑的变化来得丰富,而均衡与稳定等则要用有别于房屋建筑的标准来衡量。其次,在构件层面上,根据功能要求,桥梁建筑使用的是结构本身,因而其构件的尺寸较大,这就导致构件的尺度和整个桥梁建筑的尺度在各自维度上属于一个量级,同时桥梁建筑的主要构件毫无阻挡地暴露在视野中,因此,构件本身的形态及布置方式、比例与尺度等直接影响桥梁建筑整体的美学形态。因此,了解人的尺度,了解桥梁建筑中直接与人体尺寸相关的一些构件的尺度,其目的就是在保证结构受力合理的前提下,设计好桥梁建筑空间,恰当处理好桥梁建筑的尺度和比例;不仅需要满足舒适的功能要求,而且也要通过合适的尺度、比例创作出优美的桥梁建筑视觉形象,以满足人们精神生活需要的审美要求。

3.1.4 桥梁建筑为人所鉴

建筑自古以来都被称为是一门艺术,因为它一直会牵涉"人"的感觉问题,建筑师和业主双方都会为建筑外表体现出来的设计思想而被感动,产生共鸣。

桥梁建筑亦是如此，一旦一座桥梁建成，耸立于天地之间，跨越于江河之上，不仅是桥梁建筑设计师和业主，而是所有看到它的人——通行的、非通行的、专家们和人民大众，不管是"内行的"还是"外行的"人，都会因为"它"的位置、跨径、体量、形式、色彩乃至材料、装饰等产生一种"感觉"或"视觉冲击"，这就会自然而然地对"它"产生各种各样的议论。同样，桥梁建筑在建成后的使用过程中，使用者也会对"它"的通行是否快捷便利、舒适安全等效能上的优劣做出评价。所以桥梁建筑作品从内容(功能)到形式都会受到各方面、各种人群的点评，这就是人们常常说的"建筑为人所鉴"的意思，桥梁建筑亦是如此。这一点非常重要，它直接关系到一个桥梁建筑师的社会责任问题，关系到桥梁建筑师的创作态度和创作方法问题，更直接关系到桥梁建筑作品评价的标准问题。

(1) 社会责任

建筑学是一门有着独立理性的学科，有其自身法则。同时，桥梁建筑设计师要面对不同的业主和使用者，这就决定了桥梁建筑设计自始至终都反映着社会政治、经济、文化、历史等各方面的情况，这使得设计取得各方面的协调非常困难。一座桥梁建筑作品是否成功，一定取决于创造的形式与结构，设计的美学客观性与社会政治、经济、文化、历史、自然环境等状况的适应度。桥梁建筑师的作用在于塑造桥梁建筑环境的品质，使得桥梁建筑在满足人们对功能需求的同时，还要引导业主、使用者和公众了解桥梁建筑在艺术上的价值，桥梁建筑师从设计开始就要能够自觉地努力去表达其艺术和社会目标，这就是一个桥梁建筑师重要的社会责任。

(2) 建筑评鉴

作为一个桥梁建筑师需要明确的是，"建筑评鉴"是一名合格建筑师的基本创作方法。在建筑创作行业中，"建筑评鉴"包括有效的自我评鉴和彼此之间的相互评论，甚至是社会公众和媒体的评议，对建筑创作都是非常有好处的，是促使优秀桥梁建筑设计产生的催化剂，是桥梁建筑师进行创作不可缺少的环节。自始至终自觉地获取对设计的反馈意见应成为桥梁建筑师进行创作的一种有效的方法，应该贯穿于整个设计一体化过程之中。在创作过程中，经过不断的自我评鉴和他人评鉴，通过不同清新的眼界，或详细、或概括的评论，可以直指设计的质量并介绍新的设计思维。同行和人们之间彼此之间认识的差异被揭示得越多,就越能使问题和矛盾明朗化,对桥梁建筑设计批评性的思考会使桥梁建筑师将桥梁建筑创作视为另一种文化活动并更加重视它。桥梁建筑师对于来自社会各方面的评论不要回避,不能置之不理,要采取积极主动的态度去迎接挑战,促使我们从一个新的角度去看待熟悉的事物,改变传统的习惯,激励自己思考未来可能忽视的问题,最终创作出一个令人满意、十分美好的"桥梁建筑作品"。

(3) 建筑评鉴标准

关于桥梁建筑评鉴的标准,一座桥梁建筑建成通车以后,自然会受到来自现实社会中三大阵营的评论,即媒体、公众和行家。尤其是对那些在城市中有影响的比较重要的桥梁建筑,来自社会各方面的议论会更多。现在不少城市重要桥梁建筑招标的规划设计方案,在行业专家评选以后,往往还要再对公众进行展示,吸引公众参与,采取公众投票选择的方式。当然也会存在有的公众得票结果与专家评选结果不一致的情况。这种情况不可避免,但也引发桥梁建筑师们去思考一个问题,如何创作公众喜闻乐见的桥梁建筑形式,这是摆在我们面前的一项非常重要的任务。常言道"外行看热闹,内行看门道",要兼顾"门道"和"热闹",就要求桥梁建筑设计师们必须深入群众生活,接近和了解群众生活,也要了解当今社会的政治、经济、文化、科技发展水平及当地的历史、风俗、民情,不去了解这些接地气的实际情况,就不会成为一个真正好的桥梁建筑设计师。当然,桥梁建筑评鉴方案的选择,也不能采用简单的所谓"民主方式"产生,桥梁建筑设计师必须要讲究职业道德,不能违背桥梁建筑创作的基本规律和原则。

3.2 桥梁建筑与社会

3.2.1 桥梁建筑反映社会生活

社会包含政治、经济、文化、意识形态、宗教、人口、行为、心理等因素。桥梁建筑作为社会物质文明和精神文明的综合产物,它塑造着社会生活的交通物质环境,同时反映着社会意识形态和时代精神的全部内在含义,具有广泛而深刻的社会性内涵。

(1)桥梁建筑源于社会生活

建筑的产生是人类社会需求的结果,建筑形式的发展演变也是随同人类生活方式的演化相一致的。居住建筑是最早出现的一种类型,是人类首要生存需求的结果。安居之后,社会生产力逐步提高,人类生活的重要聚集地——"城市"得以出现,社会活动场所不断扩大,公共交往逐步增多,社会生活方式也日益丰富,这促进了建筑类型的大量出现。商品交换活动过程中产生了市场、商用楼堂馆所;宗教活动促使东方的道观庙宇、西方的神庙教堂等建筑得以发展;文化体育活动的需求产生了诸如歌舞剧院、博物馆、图书馆和体育馆所等建筑;旅游商务活动的需求使各类宾馆、饭店得以诞生……而人类交通出行的需求则逐步产生了诸如码头港口、公路铁路、桥梁隧道、车站、机场等各类现代化交通建筑基础设施。其中的每一种建筑类型都是人类社会生活的"物化"表现形式,人类社会生活构成了各类建筑本身的社会基础。

"桥梁建筑"因为满足人民生产生活的强烈需要而存在,是人类利用自然资源、社会资源和科学技术建造的人工构筑物,它帮助人类克服了自身能力的不足,实现了对自然障碍如江河湖海、沟堑山谷的跨越。追寻桥梁建筑发展的历史轨迹,可以探索到桥梁建筑结构类型的进化演变、建桥材料的发展多样、设计理论和计算分析手段的进步提高、架桥施工装备和工艺的不断创新,可以确认的是,"桥梁建筑"源自人类社会生活,也始终贯穿于人类社会生活演化历史发展过程之中的各方面。

(2)桥梁建筑空间组织以心理、行为规律为依据

社会生活中人们的心理、行为规律是建筑空间组织的重要依据。各类建筑设计中,无论是居住建筑,还是众多类型的公共建筑设计都是以满足人的行为、心理需求为出发点。例如商场空间组织及货品的功能分区,需要同购物者的行为习惯和心理需求相联系,合理的布局形式是塑造舒适购物环境、取得良好商业效益的必要前提;再如纪念性建筑的设计中,研究空间环境与人的心理情绪的响应关系是十分重要的,许多成功的纪念性建筑作品往往通过空间的变换来调动参观者的心理情绪,达到渲染气氛、突出纪念主题的目的。现代化办公建筑中,开敞式大空间办公的布局得到推崇,这种空间组织形式同样是在研究管理者及

办公者的工作行为、心理规律的基础上提出的,开敞式的办公环境可以加强办公人员之间相互协作的精神,拉近了人们之间的距离,减少人们的心理隔阂,方便管理,从而大大提高了工作效率。

  桥梁建筑的空间组织亦是如此,特别是城市高架桥的空间组织设计十分重要。在城市高架桥上,应尽可能地减少可见的体量,这就意味着桥梁建筑的上部构造必须纤细,梁的垂直面或几乎垂直的面均不能太高,所选择的跨径不宜太大,并应选择视觉效果较好的桥梁长细比;使用宽的桥墩(墙)一般是不适宜的,因为它们在斜向不能提供宽敞的视野空间和使用空间(包括停车和行车空间),直接影响行车安全;桥墩高度不能太矮,否则桥下空间光线损失严重,低矮狭隘的空间也会让人感到很大的心理压力。在美国城市中由于高架道路的建成而造成不良社会影响的例子很多,主要是高架桥梁形式的视觉难看,太阳光线照明的损失以及车辆的噪声所造成的,以致好的商店和商行都纷纷迁出,街道萧条,热闹区变成了陋巷。而桥梁建筑安装声屏障设施,则减少了"桥面空间"大量的车辆噪声对社会生活的影响。自20世纪90年代以来,长江中下游河段修建了许多超大跨径的斜拉桥和悬索桥,但由于考虑到的通航标准不是太高,造成这些桥梁建筑的跨径与墩高的尺度差距极大,"桥下空间"比例严重不协调,视觉效果不显美观,也极大影响了这条著名黄金水道的航运标准和运力的提高,留下历史遗憾。所以,必须以人类心理、行为规律为依据进行合理的桥梁建筑空间组织设计,才会让人们明显地感受它的高大强劲、安全、开敞、自在、唯一,感受到它的亲切、舒适、通畅、心旷神怡,感受到它的情怀、庄重、雄伟、气派,才能够成就一座好的桥梁建筑作品。

(3)桥梁建筑反映民族性特征

  社会生活的民族性特征指的是,一定区域内共同生活的民族群体所表现出的与其他民族群体在文化、信仰、伦理形态、社会观念、行为特征、饮食习惯、生活方式、思维方式等方面的差异性,这些差异性往往在建筑上明确地表现出来。诸如藏族地区的碉楼、傣族的干阑式住房、新疆维吾尔族的"阿以旺"、蒙古族轻骨架毡包房,它们与汉民族的院落式住房建筑在布局、空间组合、装饰色彩等方面都表现出明显不同的特征。而从世界范围来看,中华民族传统建筑风格与印度、埃及、希腊、罗马以及拉美国家的传统建筑都存在着明显的特征差异,这不仅仅是自然环境状况差异的体现,更是民族性特征的外化表现,由此可以看出民族文化特征对建筑风格的影响是非常强烈的,但往往越是民族的东西也越是世界的。

世界各民族都有着自己源远流长的历史和丰富的文化背景,有其自身独特的传统、文化、风俗、习惯等,也产生了带有民族特色的审美观念,它与某一民族的共同语言和心理特点、思维方式以及生活环境、生活条件紧密相关。人类社会生产生活与桥梁建筑密切相关,因而也使得世界各地的桥梁建筑不可避免带有一定的民族特色。

西方桥梁上的雕塑以神话人物、伟大人物为多见。罗马的十二使徒桥(图3-2-1)上有巴洛克风格的雕像;美国华盛顿州的阿林顿纪念桥、法国塞纳河上的古桥等的桥墩或桥头堡上均有一座座雕像。著名的威尼斯利雅托桥采用大理石在桥上面修建店铺、拱廊、台阶和栏杆。这些都是比较典型的利用艺术手段来渲染桥梁建筑的艺术氛围特征。

图3-2-1　罗马的十二使徒桥

我国古代桥梁建筑非常讲究造型风格和装饰工艺,具有比较独特的民族风格。其造型风格一般突出桥梁建筑的刚劲柔和、韵律协调、天人合一。江南水乡的一些细梁小桥,则更使人联想到"小桥、流水、人家"的诗情画意。古代石桥在人们易于驻足观瞻的地方,一般常常刻有螭龙、凤、狮、象、犀牛,并间有兔、猴、马、狗、云朵、莲花、芳草等图案。也有少数浮雕的河神像、武士像和人物故事形象。如河北赵县永通桥山花墙上浮雕的河神头像,赵州桥栏板上浮雕的螭龙和望柱上的狮首像,北京卢沟桥望柱上的石狮子等。这些石雕,工艺精细,并往往

桥梁建筑概论

还与民间风情、神话传说有密切的联系。如治水的蛟龙、分水的犀、降伏水怪的神兽等,从而形成我国桥梁建筑艺术的独特风格。此外,我国许多古代桥梁,如甘肃省渭源县的霸陵桥(图3-2-2)、湖南龙津风雨桥(图3-2-3)等,往往在桥上或桥头上构建有许多附属建筑物。桥上构筑建筑物,起自木桥的防腐和压基作用,后成为桥与建筑的结合物。桥头构筑建筑物,是作为桥梁出入口的标志,并兼有衬托、拱卫和装饰桥梁的作用。

图3-2-2　甘肃省渭源县的霸陵桥(单孔纯木悬臂式廊桥)

图3-2-3　湖南龙津风雨桥

(4) 桥梁建筑反映社会生活地域性特征

社会生活的地域性特征是由一定区域内特定的自然环境因素、社会人文环境要素综合而成的。建筑是人类发挥主观能动性创造的人工产物,不同地域的人具有不同的生活方式,不同的精神追求,所处自然和社会环境亦不同,服务于人类社会生活的桥梁建筑与房屋建筑风格,必然都带有深厚的地域特色。

首先,一个地区在长期的社会发展过程中形成的文化信仰、生活方式、审美习惯使建筑表现出强烈的地域特征,赋予了建筑丰富的内涵。例如,西方哥特式教堂所呈现的尖肋拱顶、高耸尖塔、修长束柱等建筑形态都是当地人们宗教信仰在建筑上的体现;又如北京故宫所呈现的中轴对称、秩序井然的建筑形制则是中国传统文化中中正之道、尊卑有序观念的一种体现。因此,一个地区的文化信仰、生活方式、审美习惯等"人为因素"赋予了建筑该地区所独有的特色。

其次,在工业革命以前,社会生产力低下,人们建造房屋、桥梁等建筑往往就地取材。例如,山石资源丰富的地区,建筑材料多以石料为主,建筑所呈现出来的形态则大多刚毅厚重、造型单一;而木材资源丰富的地区,建筑材料又多以木料为主,建筑所呈现的形态则大多圆滑轻盈、形态丰富。当然建筑所呈现的形态还受到当地建造手段的制约,同样是石料,在建造手段先进的地区,则有西方教堂的高塔、穹顶等多样的形态,而在落后的地区,则大多是造型简单的"方盒子"。

随着社会的发展、科技的进步,地区之间的交流无论是广度还是深度都是前所未有的,建筑所具有的地域特色也正在逐渐弱化而趋向单一。然而,物极必反,千篇一律的建筑形态容易引起人们的审美疲劳,建筑给人的美感也就无从谈起,从而必然激发人们追求建筑的美、建筑的特色的愿望。而各地区的不同的文化信仰、不同的生活方式、不同的审美习惯正是创造美的建筑、特色建筑的灵感的源泉,也只有呈现各自地区特色的桥梁建筑才会经久不衰,才会给人以艺术美的感受。

因此,全面认知各地区自然条件、历史环境、生活习俗、文化要素、经济水平等地域性特征,认知这些社会要素与桥梁建筑的内在关联,对深入了解、把握、创作桥梁建筑作品有着十分重要的意义。

3.2.2 桥梁建筑反映社会意识形态

社会意识形态包括政治、法律、道德、宗教、伦理等内容。桥梁建筑与其他建筑形式一样服务于一定的社会主体,与一定时期的社会意识思想相联系,因而不可避免地受到来自社会政治制度、宗教精神以及伦理道德的制约,在建筑内容和形式上自觉反映出社会意识形态的种种历史和现实。

(1)桥梁建筑体现社会统治阶级的意志

世界各国各个历史时期的建筑一直是展示和突出统治阶级权力、地位和思想的有效措施和标志。西汉初年,萧何在进谏汉高祖刘邦建造未央宫时曾说道:"天子以四海为家,非壮丽无以重威,且无令后世有以加也。"法国路易十四的重臣J. B. 高尔拜上书国王:"如陛下所知,除赫赫武功而外,唯建筑物最足以表现君王之伟大与气概。"由此可以看出统治阶级的思想意识与建筑形式表现之间的密切关联。

农业社会中为君主专制服务的皇宫皇陵、社稷庙坛是人类最早趋向成熟的建筑类型,在城市布局中占据最为显赫的位置,在规模、形式、艺术性等方面更是显现出作为环境主体的形象特征,这些建筑形象可以说是某一时期统治阶级意志的物化体现。古埃及金字塔(图3-2-4)是早期人类社会用以体现专政思想的一个重要见证,它以单纯的形象、超巨大的体量,在无垠沙漠的衬托下将王权的地位突出到无以复加的程度。它的产生固然得益于古埃及精良的起重、运输、施工技术以及卓越的艺术技法,而古埃及社会中对帝王的尊崇、严酷的等级观念则是其最根本的社会基础。万里长城(图3-2-5)是中国古代的军事防御工事,是一道高大、坚固而且连绵不断的长垣,它不是一道单纯孤立的城墙,而是以城墙为主体,同大量的城、障、亭、标相结合的防御体系。自西周时期开始,延续不断修筑了2000多年,分布于中国北部和中部的广大土地上,总计长度达2万多公里,成为留存至今人类社会最伟大的雄伟建筑之一,用以阻隔敌骑的行动,体现了中国历代统治阶级防御阻挡北方游牧民族南下侵扰中原农耕地区文明的坚强意志。

3 桥梁建筑作用要素

图 3-2-4　金字塔

图 3-2-5　万里长城

南京长江大桥，如图 2-2-14 所示，于 20 世纪 60 年代建成，是中国东部地区交通的关键节点，是南京的标志性建筑、江苏的文化符号，也是著名景点，被列为新金陵四十八景之一。1970—1993 年，我国先后有 100 多个国家和地区的领导人及 600 多个外国代表团，来到南京长江大桥参观与学习，来此观览的国内外游客更是难以计数。南京长江大桥，是真正由中国人自主设计、施工的桥梁建筑，其社会时代性的痕迹表现非常明显，"三面红旗"和"工农兵学商"人物的桥头雕塑形象逼真饱满，体现出工农兵相结合的强烈意志，无不表现出那个特殊年代民族

75

大团结、人定胜天的精神。

(2) 桥梁建筑反映宗教思想

宗教是社会意识形态的另一种重要形式,对宗教精神的追求是人类社会尤其是农业社会时期的社会主体生活之一。这一点充分地体现在神庙、教堂、寺庙等宗教建筑发展的历程之中,无须多言。

西方中世纪处于黑暗时期,战争与宗教成为人们生活中的两个重要内容,反映在桥梁建筑上就是桥既用于军事防御又具有较重的宗教色彩。设计造桥者有牧师参与,桥头大都有防御性的桥塔和桥门,还建有教堂和其他宗教性建筑物,长期的封建战争和宗教势力的影响留下了深深的烙印。法国瓦伦梯桥(图3-2-6)是当时较有代表性的一座桥。该桥两头及中部各有一个高塔,另外还有一道桥门,共六个尖拱(跨径16.5m)高高地耸出水面,桥墩处理得使攻桥者无法从河中乘船上桥;军事考虑上的完整性和它高直式的桥塔,使桥看上去肃穆整齐,像严阵以待、训练有素的武士一般。文艺复兴时期,百家争鸣,大师辈出。桥梁建筑常常被看作一种宗教纪念性建筑。罗马的十二使徒桥(图3-2-1)上建有巴洛克风格的雕像,就表现出极为强烈的宗教色彩。

图3-2-6　法国瓦伦梯桥

位于法国塞纳河上的亚历山大三世桥,如图3-2-7所示,是俄国末代沙皇尼古拉二世送给法国的礼物,用来庆祝1892年的法俄同盟。历经四年的时间建设,该桥于1900年在巴黎万国博览会上和它旁边的大宫、小宫一起亮相,向全世界展示那个时代法国的强大和华丽。大桥的结构采用了流行于19世纪末和20世纪初的布扎(Beaux)艺术风格。这种艺术风格参考了古代罗马、希腊的建筑风格，强调建筑的宏伟、对称、秩序性，多用于大型纪念建筑。而大桥上装饰采用的是华丽的新艺术派的灯饰，更有大量的女神、仙女、精灵等极其精美的雕塑和装饰，被誉为巴黎最优雅的桥梁。桥两端入口处各有两座高17m高的砖石台石的桥塔，四个桥塔柱顶上各有一个女神勒住飞马的金色青铜雕像。这个飞马就是希腊神话中的珀伽索斯。右岸的两位女神是农业女神和艺术女神，左岸的两个女神是战斗女神和战争女神。这四位金光闪闪的女神就是巴黎塞纳河上的地标，四位女神的所站立的四个立柱分别代表法国历史上的四个强盛时期，即"查理曼的法国""文艺复兴的法国""路易十四的法国""当代法国"(指1900年的法国)。这座桥是每位来巴黎的游客都值得一去的地方。

图 3-2-7　亚历山大三世桥

中国儒家、道家、禅宗等宗教思想博大精深，各家各派历来主张修桥铺路，积德行善，已经内化于中国人灵魂深处。历朝历代，捐资建桥一直受社会各界褒奖。修建好桥梁以后，过桥的人越多，感恩的人就越多，这就是无形的道德教化。风雨桥、廊桥，为人们提供了更多便利。桥梁除了穿行于一河两岸，还可以用作交流、买卖、集市等。对于外出谋生的商人来说，险峻的地势、湍急的水流是一大障碍，桥就成为帮助人们克服障碍、渡人于难的"神仙桥"。在他们的心目中，桥就是登云梯，就是飞腾所需的翅膀。对这些人来说，桥连接着梦想、财富，连接着大千世界。很多人成功以后，也都愿意修桥铺路、造福后代。

(3) 桥梁建筑体现道德礼制规范

建筑发展过程中，长期传承的道德、伦理、规范对不同建筑类型的形式有深层次的约定性，这种约定性在中国几千年来各类建筑形制的发展中体现为约束人们的思想行为、社会生活的礼制制度。它对传统建筑的影响常常借助工程技术规范的形式，将礼制等级思想寓于其中，贯彻到建筑布局乃至城市规划布局之中，使之呈现出严格的等级秩序。中国古书《考工记》(江苏凤凰科学技术出版社，2016年出版)就是这样一本包含着深刻礼制思想的工艺官书，其中有关规划的内容对传统的城市规划、建筑布局设计都有着非常深远的影响。例如"左祖右社，面朝后市、市朝一夫"的礼制规范是历朝历代都城布局的楷模，"前朝后寝"则是各朝皇宫布局严格遵循的礼制规则。

礼制思想也对传统民居建筑作出了严格规定，例如传统四合院就集中体现了这种社会礼制的典型空间形式。一般四合院分为呈严格对称布置的前后两院，内院是家庭起居活动的地方；堂屋位居北侧中央，是一个家庭用以举行家庭会议和会客最为重要的空间场所；晚辈居于两侧厢房；前院以迎客为主，用作门房、客房。可以看出，一个家庭的等级伦理关系在这里被安排得井然有序。从古至今，从周代一直延续到明清两代，这种以礼制制度为依据的院落式群体布局、空间组合是各类传统建筑的最基本单元。皇宫、衙署、寺庙、会馆、祀堂等建筑基本上都是由基本院落单元组合而成，保持并强化了其中的等级秩序，在形式和内涵上都体现出强烈的礼制精神。

几千年以来儒家哲学都是中国社会核心价值观的基石，为历代统治者所推崇。其核心思想就个体而言，是仁、义、礼、智、信的德性论"五行"思想；就社会而言，是德道思想，即博爱、厚生、公平、正义、诚实、守信、革故、鼎新、文明、和谐、民主、法治等。现存的明清北京城廓形式及故宫建筑群的布局都反映出这种礼制模式，故宫作为皇家宫殿，所呈现的中轴对称、秩序井然的建筑形制则是中国传统文化中中正之道、尊卑有序观念的一种体现。颐和园的"十七孔桥"(图3-2-8)是一座连拱石桥，共有17个桥洞，其中第九孔最大，由中间向两端逐渐小下来，对称排列。在中国的哲学中，单数为阳，阳代表天，双数为阴，阴代表地。单数一、三、五相加为九,因此,九代表最大。而颐和园为皇家园林,"十七孔桥"作为园林中重要的建筑之一,用居中的最大的第九孔代表"九五之尊"的皇帝,用两边渐次缩小的桥孔代表四方臣服,说明"十七孔桥"不仅起到沟通联系的作用,其中还蕴含着等级观念,这就是中国桥梁中"礼"的体现。另外,桥上刻有石狮子作为装饰,在中国古代,狮子在人们心目中是高贵尊严的灵兽,是权力的象征。过去只有五品以上的官员才能在门口立威严的石狮子,而石狮子头上的发卷数,代表了官员的等级与地位,皇帝的石狮子有 13 排卷发,亲王有 12 排,其他官员依爵位递减。"十七孔桥"两边的白石栏杆共有 128 根望柱,每根都雕刻着精美的姿态各异的石狮,体现出社会统治阶级强烈的礼制秩序意志。

图 3-2-8　颐和园十七孔桥

(4)桥梁建筑体现社会价值观

价值观是人们关于好坏、得失、善恶、美丑等价值的立场、看法、态度和选择,是人们对于某一事物经济性和社会作用的综合评价。由复杂多样的价值观进行长期反复的整合和消解,最终就形成了体现一个社会价值理念的价值体系。社会价值观是回顾、观察、预见一个社会发展水平的标尺之一,它对建筑发展的影响是十分显著的。个人及业主的价值观是影响建筑设计的重要因素;一个建筑师的价值观会多少左右一座建筑的形式特征;而一个民族长期秉承的价值观会对建筑风格体系的形成产生重大影响。

东西方建筑在长期发展的历史进程中,各自形成了相对独立的木结构建筑体系和砖石结构的古典建筑体系。这固然与各自自然环境中建筑材料资源状况以及建筑技术程度有着密切的关联,而社会价值观取向的差异同样是不可忽视的重要因素。汉文化中"崇高俭德""不求原物长存"的传统价值观形成了中国木构建筑体系的思想基础,中国木结构是以实用的、入世的、理智的历史因素为主导的。木结构建筑从总体上是接近日常生活的,建造周期也比较短(如汉代2年建成长乐宫,明代北京皇宫16年建成),从建造到使用无不体现出"崇高俭德"的实用主义的价值观。而西方古典建筑在实践中则借助耐久性较长的砖石结构追求"永恒"的纪念性,由此促使了砖石结构建筑体系的形成,它的建造周期一般比较长,如雅典的奥林匹克神庙建筑群建设了360年,巴黎圣母院建了157年,罗马圣彼得教堂耗时120年,从中体现出了西方对"永恒精神"的执着追求。

中国古代桥梁文化源远流长,博大精深。仅从各种古代桥梁名称中,就能够深刻体会出中国古代社会的传统价值观,展示了中华民族开拓进取,认识自然征服自然的大无畏精神。如都江堰"安澜桥"是宋代评事梁楚主持修建的,时称"评事桥",明末毁于战火,清代何先德与其妻杨氏倡议募捐修复,以行人可安渡狂澜而改名"安澜桥",百姓感念何氏夫妇称之为"夫妻桥"。山东"永济桥"为明代邢氏长者起造瓮石,知州邱如嵩增修栏杆,后垮塌,清代乡民王元臣募化重修,历时十年方成。玉山周溪河常溺死涉水者,里人詹成通全力筑桥未果而亡,后其子伯仁、伯佳继父遗志历经二载将桥建成,造福乡里,后人称赞。明代戚继光抗倭获胜的建宁"通都桥",蕴含着爱国主义的传统价值观,体现出抗敌御侮保家卫国的爱国精神。

中国古代社会一直倡导修桥补路、积善行德、倡导仗义疏财、济世利人的奉献精神。义利之辩是中国伦理的传统议题,见利思义、以义制利、兴天下之利是传统济世利人道义论的核心思想。桥梁建筑是公益性最广泛的交通设施,通过桥梁纪念性命名,鼓励仗义疏财,利人为善,引导人们树立"行仁义"则"虽贫贱尝荣其行"的社会价值观,使修桥补路成为自觉存在于民族的群体意识之中,有钱出钱、有力出力,人人积极参与建桥公益活动,体现出"功德桥"双重意义。如宣城石桥是明代李文捐献家产俸舍修成名为"李公桥";宁国知府徐鸿起父子各修一桥名为"父子桥";绍兴有十位老者为桑梓谋福利共建的"十老桥";等等。

另外,倡导政府官员勤政爱民、为官清廉的惠民桥、广惠桥、评政桥、弘济桥等中国古代桥梁几乎遍及全国各地,体现"博施济众""因民之利而利之"思想,突出政府官员的吏德导向。

还有蕴含着尚贤、崇孝传统价值观,激励人们奋发向上争为贤人而留名青史的古代桥梁,如黄冈有孔子使子路问津处的"孔子河桥"、眉州有据说老子骑青牛出关的"青牛桥"、文安县有宋代苏洵所建的"苏桥"、绍兴的"七贤桥"等。

孝是中国封建道德的始基和核心,提倡引导崇孝文化的有商城"卫母桥"、郏县"孝济桥"、偃师县"孝义桥"等。还有宣扬道佛两家"善有善报""从善弃恶"价值观的,有海州"洪门桥"、嘉兴"吉祥桥"、广州"五石桥"等。有宣扬"嫉恶如仇"是非观的,如湖州长兴县的"秦公桥",老百姓因为痛恨秦桧奸臣而改名"白云桥"等。

有古人注重生态环境,讲究"天人合一"价值观的舒州"放生桥"、宜兴"深溪桥"、明代安庆的"雁儿桥"。而西湖十景之一的"苏堤春晓"(图3-2-9)则是苏轼任杭州知府时"浚河筑堤,夹植桃柳,中设天桥,以通湖水"而成,正是苏堤的"映波、锁澜、望山、压堤、东浦、跨虹"等六座桥梁的建成,西湖景区才能够"六桥横截天汉上,北山始与南屏通",可谓是桥梁建筑融入自然,天人合一的典范工程。

图3-2-9 苏堤春晓

建设新时代中国特色社会主义的伟大实践,需要完成社会价值观由传统向现代的转变,需要社会大众在实际生活中对那些已经化为世俗形态的传统美德加以体验和认同,自觉发扬中华民族自强不息的大无畏精神,认同热爱祖国、德政惠民、重义轻利、疏财济世、尚贤崇孝、崇善弃恶、注重生态等正能量价值取向。赋予新时代特色,在桥梁建筑设计和建造活动中,更应该认同和体现中国特色社会主义核心价值观——"富强、民主、文明、和谐、自由、平等、公正、法治、爱国、敬业、诚信、友善"。其中,"富强、民主、文明、和谐"为国家层面的价值目标,是我国社会主义现代化国家的建设目标,也是从价值目标层面对社会主义核心价值观基本理念的凝练,在社会主义核心价值观中居于最高层次,对其他层次的价值理念具有统领作用。"自由、平等、公正、法治"为社会层面的价值取向,是对美好社会的生动表述,也是从社会层面对社会主义核心价值观基本理念的凝练。"爱国、敬业、诚信、友善"为公民个人层面的价值准则,是公民基本道德规范,是从个人行为层面对社会主义核心价值观基本理念的凝练。社会主义核心价值观是社会主义核心价值体系的内核,体现社会主义核心价值体系的根本性质和基本特征,反映社会主义核心价值体系的丰富内涵和实践要求,是社会主义核心价值体系的高度凝练和集中表达。

3.2.3 桥梁建筑反映时代精神

建筑是一本石刻的史书,建筑史上的每一个重要的发展都与时代的进步、科技水平的提高、美学思想的延伸以及由此引起的时代精神的更新有着密切的关联。无论什么类型的建筑形式,都是一定历史时期技术文明发展的产物。它反映了当时的社会物质生产力量与人们的生活条件,体现了一定时代的社会思想、美学观念与技术水平,留下了时代永恒的烙印。桥梁建筑在机械工业化和手工业生产时代,在选用材料、施工工艺、生产手段上截然不同,其选用结构形式、艺术特点也自然而然有所差别。如古希腊时代的优美柱式结构,罗马时代的半圆拱结构,欧洲哥特式尖拱,中世纪流行的有浓厚宗教色彩及军事防御功能的桥头堡,文艺复兴时代铁桥上烦琐而精细的巴洛克风格雕塑,现代钢筋混凝土、预应力结构所带来的现代桥梁简洁纤细的形态等。这些都无不折射出建筑风格的时代性。

桥梁建筑艺术与其他建筑艺术一样并非一成不变。古代桥梁多以装饰华丽为美,而现代桥梁则以简洁大方为美,桥梁建筑能够以其巨大的空间形象来显示生活中的某些本质方面,体现一定的时代精神。在不同历史时期,桥梁建筑风格、艺术和技术具有较大区别。在中外桥梁建筑史上,几乎每个时代都会形成其独特的桥梁建筑风格,而成为这个时代的标志性特色。各个时代的桥梁建筑师在设计创作时,不可避免地受时代发展的影响,西方建筑显得尤为明显,如威尼斯水上世界的桥梁建筑上集市密布,融休闲、购物、观光、交通于一体,是当地的一大特色。

建筑美学的发展与社会生产力、建筑技术水平、社会政治、文化、美学思潮等因素息息相关,"社会政治、文化、美学思潮"等主观因素通常会影响建筑美学的设计理念,"社会生产力、建筑技术水平"等客观因素通常会影响建筑的美学形态。而这些无论是主观的还是客观的因素都随着历史的发展向前推进,具有显著的历史特征。

古希腊时期的建筑布局自由、舒展,以典雅、匀称、秀美见长,客观地反映着这一时期的社会风气所在。古希腊拥有人类早期灿烂的文化艺术和哲学思想,在城邦范围内建立了自由民主制度,信奉多神论,社会中洋溢着人本主义思想精神。其代表性建筑——帕提侬神庙、伊瑞克提瓮圣庙、雅典卫城建筑群。两座神庙可以说是兼具人性与神性特征的建筑,既有为神而造的封闭幽暗的室内空间,又有为人而造的适中的尺度,明朗轻快的性格。多立克、爱奥利柱式比例和谐拟人,女像柱廊雕饰精巧写实。而以两座神庙为主体所构成的雅典卫城建筑群与周边剧场、敞廊等平民活动场所有机地结合为一体,体现古希腊文明中的人、神和谐统一的特点。这些与古埃及的金字塔和神庙所表现出来的超人尺度和神秘压抑的氛围有着明显的差异。

14世纪末,社会生产力的快速发展促使文艺复兴运动爆发,欧洲借助古典文化来反对封建黑暗文化,建立人文主义为基础指导思想,提倡人性自由。建筑样式方面则提倡复兴古罗马的建筑风格,以取代象征神权的哥特风格。在建筑形态上,文艺复兴讲求整齐、统一于条理性,与哥特风格的参差不齐、具有自发性以及高低不等形成鲜明对比。在文艺复兴时期第一个建造的佛罗伦萨主教堂建设中首次采用大型苍穹顶，有着与哥特式教堂全然不同的宏阔感和开敞感，使人们体会到人类与上帝同在的自信，突出了文艺复兴时期人文主义精神。17世纪启蒙思想运动兴起，使科学与理性精神得到极大弘扬，人的理性成为这一时期衡量一切、判断一切的尺度。古典主义的柱式结构及构图方式被奉为建筑创作的金科玉律，纯粹的几何构图与数学关系被视为建筑的绝对规则，体现出理性主义的内涵特征。

18世纪末随着欧洲各国相继完成资产阶级革命，资产阶级不愿沿袭贵族阶级的建筑形式，而又缺乏崭新的建筑形式，因此只能从古典样式中选择合乎自身需求的样式加以发展，这就是建筑史上的复古思潮，这一思潮一直持续到20世纪初，其中经历了古典主义复兴、浪漫主义和折中主义。现代工业社会中，生产力取得了巨大进步，科学技术获得了突飞猛进的发展，人们的生活方式、人文思想、美学观念等都发生了革命性的变化，由此使现代主义建筑应运而生。大量的世俗性建筑取代了为统治阶级、宗教思想服务的皇家建筑和宗教建筑，而成为人类社会建筑发展的主流。新技术、新材料、新思想的综合发展，使各类建筑在形式、空间的组织上摆脱了传统模式的束缚，表现出前所未有的自由和舒展，结合现代建筑功能、材料、技术及形式风格的创新，塑造出了与世界各国历史时期完全不同的建筑形象，充分地体现出了工业时代的新理念和新精神。

当代社会是建立在对早期工业社会价值观、审美观、技术观以及生产、生活方式的全面修正的基础上不断向前发展的，同时面临着人口问题、全球化问题、环境资源问题等一系列的早期人类社会不曾遇到过的挑战。在物质生活水平得到普遍提高的基础上，人们的社会需求、社会观念都发生了很大的变化，公众更加注重精神方面的需求，注重社会生活多样化的需求，注重对社会和地域文化的继承和发展，注重从人类长远的利益上维持社会的可持续性发展。早期工业社会重共性轻个性，重技术轻文化，强调人的自然属性，无视人的社会属性，无视自然环境生态规律，这些价值取向已经无法适应当代社会对人性化、地域化、生态化、文化艺术、多元化、可持续发展等价值观的时代需求，人类社会价值观的这些变化将对当代建筑的发展产生深远的影响，必将进一步产生新的建筑哲学和美学思想。

综上所述,不仅社会政治、文化、美学思潮等因素会对建筑美学产生影响,社会生产力、建筑技术水平的发展也会对建筑美学产生影响。随着社会生产力的发展,材料不仅有取材于自然的石材、木材,还有人工制造的混凝土、钢材、玻璃等。建筑材料的发展,一方面使得建筑形态的外观质感更为丰富,另一方面也为建筑技术的发展奠定了基础。而随着建筑技术水平的发展,房屋建筑出现了容纳万人的体育馆、高耸入云的摩天大楼,桥梁建筑出现了跨越千米的斜拉桥、悬索桥以及形态各异的特色桥梁,建筑结构的多样性必然促使建筑美学形态的丰富多彩。总之,无论是建筑的设计理念,还是建筑的美学形态都具有每个时代的印记。钢结构、玻璃幕墙、索膜结构、斜拉桥等现代材料与结构在古代是无法想象的,在未来,随着材料科学的进一步发展,诸如碳纤维等各种新型材料的出现,会进一步推动建筑设计与建造手段的进步,从而建筑的美学形态也会更加丰富与多彩。因此,时代历史特性是房屋建筑与桥梁建筑所具有的特性之一。

3.3 桥梁建筑与自然

桥梁建筑与其他类型的建筑一样,都是一种人造的体系环境。而建筑实践是地球人类为了生存而与之俱生的一种自觉社会活动,它与其他人类活动一样,也经历了一个"利用自然—改造自然—与自然和谐共生"的漫长历史进程。建筑与自然的关系历来也是建筑设计与建筑实践的核心问题之一,某种意义上可以说它左右了建筑的发展方向。客观地分析和认识建筑与自然两者之间的关系,才能够更好地确立与自然有机协调、和谐共生的比较先进友好的和谐统一的建筑环境价值观,必将有利于桥梁建筑和与其他类型的建筑实践活动一起,走向一条更健康的可持续发展道路,与整个人类社会一起共同打造地球人类"生命共同体"。

3.3.1 人与自然关系演变

桥梁建筑与其他类型的建筑一样是人与自然的中介,是一种作为人类改良

桥梁建筑概论

自然条件和塑造人工体系环境的技术手段,通过作用于自然、改造自然来满足人类社会的各种需求,其中桥梁建筑主要是用来满足人们交通方面的需求。因此,建筑与自然的关系实质上是"人与自然"的关系,桥梁建筑发展的关键也是非常需要处理好"人与自然"的关系。在整个人类社会发展过程中,人与自然的关系走过了从"服从适应—认识改造—掠夺征服—和谐共生"的历程。

(1)原始社会,大自然是"主体",人是"客体"

人类刚刚诞生于地球时对大自然是恐惧的,那个时候整个自然界到处都充满着危险,人类对各种自然灾害基本上没有什么抵抗能力,只能听天由命,等待着大自然的恩赐。随着慢慢适应自然能力的增强,人类才非常艰难地生存下来,人类对大自然只能是服从和适应的原始和谐状态。

原始社会人类主要从事采集狩猎活动,人类的生产技术、生产工具极为简陋,生产力水平低下,对周围自然环境及其规律缺乏了解,人类的生存几乎完全由生态环境的内在法则支配,人完全依赖于自然而生活。在强大的自然力统治之下,人类本能地选择服从于自然环境。人类最初的建筑大多基于对自然巢穴的模仿,为了创造基本的生存、防卫空间,人们常常直接在自然界中获取物质资源,利用自然条件中的石块、树枝、兽皮等天然材料来营造简单的人类居住建筑,它从使用到废弃经历着取于自然、归于自然的循环过程,因而能够最大限度地与自然融为一体,形成原生的建筑。

原始社会晚期,人类开始定居生活,出现了原始的村落,建筑技术得到一定提高,如在距今六七千年的我国浙江余姚河姆渡建筑遗址中,发现原始人类在建筑活动中已经开始利用木质桩、梁、柱、板等建筑构件,使建筑具备了其最基本的形式与结构。同时,原始人类也开始学习利用自然界天然形成的藤桥、树木桥和岩溶石洞桥等,逐步扩大了人类自身的活动范围和迁徙距离。

在采集狩猎及原始农业社会,人类生产力水平低下决定了人与自然关系的和谐性,这种原始和谐性是以人的低密度、低消耗以及当时人对自然的依赖服从为前提的,也直接反映在人类原始建筑与自然环境的关系上,建筑作为原始人类谋取生存之道的人造环境空间,脱胎于自然,并在向自然学习的过程中不断发展,也成为自然的有机组成部分。

（2）农业社会，人在与自然的关系中逐步占据主动

经过漫长原始社会时期，人类进入农业社会以后，对大自然有了初步的认识，对各种自然规律有了比较客观的看法，才逐步具有了适应大自然的能力，慢慢能够利用自然，改造自然，并开始掠夺自然资源来满足人的需要。

随着人类社会制度的不断完善，生产力有了较大的发展，社会人口密度在增加，社会经济发展水平也在不断提高，人类社会生活的各种需求也在不断增加。人类利用已经掌握的各种技术，开始一定量地开发利用自然，并开始掠夺自然，出现了过度耕种、过度放牧、过度渔猎等情况，对自然生态环境造成一定破坏。

农业社会对自然生态系统最直接、最明显的影响，首先在于破坏森林和草原，从而导致了自然生态系统的损坏。如我国大西北地区由于过度耕种、过度放牧等导致森林和草原生态系统的失衡而演变成了茫茫戈壁沙漠和黄土高原；再如巴比伦文明古国正是由于对波斯高原森林的破坏，导致了美索不达米亚平原本来肥美的土地现在只能处于风沙肆虐、土地沙化和盐渍化之中，曾被誉为世界文明和农业摇篮的"两河流域"逐渐失去了它早年的光辉灿烂。

这一时期，人类为了满足自身社会生活的各种需要，利用石料、树木、砂土、竹子、草物等天然材料和人工烧制的砖等非金属材料建造了大量的人类居住建筑、宗教建筑、皇家宫殿建筑、水利设施和桥梁建筑，留下了很多的不朽建筑史话，有的至今都还在继续为人类文明的发展作出巨大贡献，如中国 2000 多年前的都江堰水利工程（图 3-3-1）。随着人类社会大量木结构和砖石结构建筑的出现，人类开始大规模砍伐原始森林树木，大规模开采砂石料，建筑实践活动不可避免地开始了对大自然的侵扰、掠夺和破坏。

图 3-3-1　都江堰水利工程

总之,漫长的农业社会在政治、经济、文化、科技、人口等很多方面都取得了较大发展,但是人类社会对自然生态系统的破坏则开始明显起来,人类似乎认为大自然是一种可以征服并被用来为人类需要服务的对象,人在与自然的关系中逐步占据主动。

(3)工业社会,人在与自然的关系中占据上风

近代工业革命以后,随着科学技术的不断兴起,人类社会得到了迅猛发展,人类对自然的适应能力也得到大大加强,开始从对自然的服从适应、利用自然、改造自然,进而走向大肆掠夺和征服自然,造成自然环境的恶化程度超出了自然界的承受限度,极大地破坏了地球自然生态环境的平衡,也招致了不少来自大自然的灾难报复。

人类进入工业社会短短两百多年时间,创造的财富已经远远超过原始社会和农业社会的总和。这一时期的西方哲学思想开始影响科学方法论,也影响到人与自然关系的发展进程。西方文化认为"人"应当成为自然的主人,科学技术是能够改造自然的宏伟力量。人与自然的关系在这一时期出现了历史性转变,人对自然第一次在历史上占了上风,处于支配地位,但这种关系却直接导致了人对自然利用的极端过度化。

现代人类的生产能力目前正在以日益加快的速度变成一种更加强大的力量,若任由其盲目野蛮发展,则可能在全球范围内引起自然力量和生物圈中自然形成的联系遭到无可挽回的破坏,并导致无法控制的连锁反应,最终造成自然生态链的彻底破坏,进而威胁人类和地球上所有生物的生存。当今世界的三大危机"人口爆炸、环境污染、资源短缺",还有全球频繁暴发的各种自然灾害,如海啸、地震、山体滑坡、泥石流、水土流失、风灾、旱灾、水灾、气候变暖、臭氧层耗损空洞扩大、土地不断沙漠化盐渍化等严重情况,无不是自然界向人类发出的强烈警告。所有这一切都可以归结为生态危机,忽视这些问题,必然会危及人类自身的生存和发展。我们的大自然现在成为今天我们这个赖以生存的自然世界,却因为人类的某些破坏性活动后果,给人类存在的基础本身造成了威胁,这无疑是极具悲剧性的。因此,人类必须把自然作为人的自然生存环境来加以恢复和

保护,以便形成人与自然之间全面的有机协调的发展,否则人类将会是自掘坟墓。

近现代工业社会以来,随着全球人口爆炸性增长,人类疯狂扩建城市、城市群,占用了大量土地资源,甚至填湖、填海造地;开采各种矿产资源,冶炼钢材,制造水泥等各种建材产品,并利用钢材、混凝土等现代建筑材料建造了巨大数量的满足人各种世俗性需求的高楼大厦,以及大坝、机场、港口、铁路、公路、桥梁等各种类型的人工构造物。建筑实践和人类其他活动一样,也在疯狂掠夺自然、破坏和污染自然环境的道路上越走越远,值得人类社会深思。

人类社会发展至今,人们才逐渐意识到地球自然资源的有限性、不可再生性以及生态环境平衡的自然法则。为了实现人类社会的长远发展,不能只是一味地破坏自然环境,人们认识到了保护自然的重要性,也充分认识到人与自然之间和谐的重要性,人类社会进入生态文明发展新时期,积极倡导尊重自然、顺应自然、保护自然的生态文明理念,逐步建立起人与自然"有机协调、和谐共生"的和谐统一的关系,大力推进生态文明建设,才可能走向一条健康的可持续性发展道路。

3.3.2　人与自然

人与自然大致经历了以下几种关系:一是服从关系,古代时期,不论东方还是西方,人都是自然的附属。人服从于自然,不论是以屈从于"神"的方式,还是以屈从于"道"的方式,敬畏自然都是人存在的统一态度。在这个时期,西方艺术(包括建筑艺术)以描绘"神"为主题,东方艺术则以领悟"道"为宗旨。二是适应关系,近代以来,人在慢慢适应自然之后,也开始了利用自然和有限改造自然的阶段。三是征服关系,在工业时代,科学革命打破了人类的一切禁忌,认为代表自然神秘力量的"神"不再是世界的主体,而承载"道"的宇宙则被解释成不过是一群根据万有引力漂浮在太空的平凡球体。于是,无论是西方的神还是东方的道都变得不值一提,认为"人"应当成为自然的主人,科学技术是能够改造自然的宏伟力量,人们认为自然只是一种可以征服并被用来为人类需要服务的对象,只有如何凸显人性,才是艺术(包括建筑艺术)讨论的唯一命题。四是和谐共生关系,现代自然环境问题直接挑战了人类理性的绝对地位。相对论、模糊性、测不准,以及量子纠缠的不可控,"两暗(暗物质、暗能量)、一黑(黑洞)、三起源(宇宙、生命、意识起源)"等最前沿科学问题,互联网和大数据在人造的世界里又重新创造出新的虚拟神秘领域等,又不得不让人重新思考哲学逻辑的适用范围。这一切才让"人与自然"关系失控的讨论与思考再次回到现代人的视野里,就像只有打不赢的战争才会考虑谈判一样,共赢的思想与对和谐的向往都是以人类发现无法真正征服自然为前提的,人们逐渐意识到地球自然资源的有限性、不可再生性以及生态环境平衡的自然法则,才逐步建立起人与自然"有机协调、和谐共生"的和谐统一的关系。

(1)人要改变人的中心论思想,人既是主体,又是客体

人与自然是相互联系、相互依存、相互渗透的,人由自然脱胎而来,其本身就是自然界的一部分。人类可以利用自然、改造自然,但归根结底是自然的一部分,必须呵护自然,不能凌驾于自然之上。

人类的生存和发展离不开对自然界的改造,但改造一般总会损害自然界的,人类的改造活动只要不超过一定的极限,大自然有它自身生态平衡的内在法则,一定范围和程度上可以恢复其被损害的自然环境和生态链,因为自然界的生态平衡本来就是一个动态平衡的过程。人类可以在不断改善自己生存条件的同时,又保证大自然固有的丰富和活力,从而达到人与自然的和谐相处。这就非常需要人类自觉地防止自己的活动超过一定的阈限尺度,需要人在把大自然当作改造利用对象时,要认识到人自己也是自然界中的一员,不要忘记大自然始终是养育自己的母亲,不要忘记中国古训:"天生万物与人,人无一物与天,鬼神明明,自思自量。"只有有了这样的悟性,人类才能从原来工业社会中形成的对自然界的主宰意识中摆脱出来,认识到人在自然界中既是主体,又是客体,人不是万物的尺度,不能喧宾夺主,积极倡导和强调,使人自己的社会活动表现出应有的思想明智和行为适度。

(2)人要由"征服自然、改造自然"向"尊重自然、保护自然"转变

工业社会中人们为了经济的增长而大肆破坏自然、攫取自然资源,导致各地

区水资源、空气等环境污染严重,沙尘暴、雾霾频发,而全球气候变暖、气候异常、严重自然灾害等环境问题正在日益破坏人与自然之间的和谐关系。人与自然之间的对立冲突不断升级,已经促使人对自身与自然之间的关系进行重新思考,由于人对自然生态环境的严重依赖性,如果人与自然之间不及时形成"有机协调、和谐共生"的和谐统一关系,必然造成自然资源枯竭,生态环境破坏,经济发展停滞,并引发严重的社会问题。为了人类社会的可持续发展,人必须把自然视为有生命的有机体,必须要加强与自然和谐共生的观念,打造"生命共同体"的意识,由"征服自然、改造自然"向"尊重自然、保护自然"转变,建设生态文明刻不容缓。

"绿色"如今已经成为良好生态环境的象征,人们已经开始有这种生态意识,把保护地球绿色植物看作保护人类生存环境的头等重要问题。绿色植物通过光合作用来固定太阳能,合成有机物并制造氧气,是世界上一切生命活动所需能量的最初来源。因此,保护绿色植物,其实就是保护地球生命之源。这个道理十分简单,可惜人类到现在才看清楚。但无论历史还是现状都表明,地球上的绿色都正在迅速消退,自然生态系统中植物光合作用的初级生产正在急剧萎缩,原因就是人类社会为了经济发展而大大地牺牲了绿色植物。

人类为了经济发展而做出了太多似智实愚的行为,如为了取得建筑和工业原材料而大肆砍伐木材、开山挖矿;为了扩大城市、道路而不断侵占绿地;为了发展农业而简单粗暴地毁坏森林草原等,对地球绿色植物造成了极大的损害。在人类社会经济开发建设过程中,常常是逢山便开、遇水就填,极大破坏了原有的自然环境,也给人类带来了数不清的自然灾害,这是大自然对人类的警告和惩罚。人应该尊重自然,保护自然,与自然协调,与自然共同生存,在建设过程中顺应当地的地形地貌,因地制宜,保护好当地的生态环境,把可持续发展战略贯彻到人类所有建设活动的全过程中,努力践行"绿水青山就是金山银山"的发展理念。

(3) 人要由"消耗自然资源"向"珍惜自然资源"转变

当代社会,过去忽视自然生态后果的经济发展观将发生重大变革,正是由于地球自然资源的有限性和不可再生性,全球不少经济学家已经对过去半个多世纪世界各国采用的国内生产总值(GDP)和人均国内生产总值的经济标准提出了异议。因为一个国家可以不合理地消耗矿业资源和森林资源,污染海洋、湖泊、河流及地下自然蓄水层,过量地猎杀野生动物以至竭泽而渔,导致环境恶化但还会促进国内生产总值的"增长"。为此,联合国统计办公室已经提出了一种同时将环境质量和资源因素考虑进去的反映国民经济水平的国际标准系统,在计算时要求将自然资源消耗和环境退化造成的经济损失从正常的国内生产总值中扣去,从而得出经过经济生态学校正的国内生产总值,这至少是国际社会一个很重要的观念转变。

与此同时,各国政治家们还在积极进行全球气候谈判,合理分配发达国家和发展中国家的碳排放指标;科学家们也在不断开发清洁新能源、可再生资源技术,争取早日实现全球碳排放指标,努力争取改善地球大气自然环境,造福后世。

只有在人与自然协调的基础上,谋求经济的可持续性发展,这将是今后人类社会不断发展进步的基本指导思想。只有人与自然有机协调、和谐共生,人类才能够不断取得经济发展所需的资源,同时不损害子孙后代的发展条件。因此,人类社会不仅要改变经济增长方式,实现"消耗自然资源"向"珍惜自然资源"的转变,也要改变人们的生活消费方式,以达到珍惜自然资源、节约自然资源的目的,实现人类社会可持续发展的长远目标。

(4) 人不仅要考虑人类自身发展,还要考虑自然环境的改善

人类社会发展到当代这个阶段,具备了一定高水平的科技能量积累,应该有能力去反哺自然。人在思考如何在考虑人类自身发展的同时,还应该考虑不断改善自然环境,这也是为了人类自身的生存环境、生态链良性循环,实现人类社会可持续发展的长远目标。例如为了治理风沙,改善我国西北地区的水土资源环境,几十年来我国不遗余力地加强三北防护林的建设,有了塞罕坝精神,甚至有了毛乌素沙漠绿色植被的整体性恢复,其被赞叹为当代世界奇迹,这是人类社会保护自然,改善自然环境的不断努力之举。

迄今为止,人类社会再也不能把是否有利于发展经济,以满足人类自身的需

要当作判断科学的是与非、合理与悖理、进步与落后的价值标准。人应该清醒地认识到,这种观念如果排除了人对自然,对我们现在唯一可居住的地球的关心和爱护,那将是十分狭隘和短视的人类利己主义。这种利己主义最后会导致地球自然环境和整个生态链的失衡和彻底破坏,归根到底只能给人类带来极为不利的损害,甚至最后灭亡,而不能带来真正利益,也只会是最后自断人类社会后续长远发展之路。因此,人类社会应当大力提倡一种新的科学观,即任何一种科学技术的价值,不仅要视其能否促进社会经济发展,而且还要视其是否有利于自然生态环境平衡,从而摆脱人类利己主义的局限。

例如,桥梁建筑大多占用河道,减小河道过水面积,影响河道泥沙运动、漂浮物运动,也必然影响河道的自然演变。在桥梁建设过程中,人可以采用加大桥梁跨径、减小阻水面积、增大桥长和桥高、疏浚河道、加固河堤、设置丁坝等水利设施来改善整个河段的自然环境,使河水流淌顺畅。

3.3.3 桥梁建筑与自然相互作用

桥梁建筑与其他建筑一样,在其形成和发展过程中,自然环境因素是其构成的基础条件,也是重要的制约因素,直接影响桥梁建筑的布局、形式、人文特征的形成。桥梁建筑与自然相互作用主要表现在以下几个方面。

(1)气候造就建筑

自然环境所涵盖的内容极为丰富,地理自然条件主要包括地表地形、气候气象、水文地质、地震运动、植被、动物群落等。在这些自然环境因素中,比较特殊的是气候气象条件,全球不同纬度的热带、温带、寒带地区的地表地形、水文和植被等现象截然不同,而且也是地域文化特征和人类行为习惯特征的重要成因。在这个意义上,特定地区的气候条件是一般居住建筑形态最重要的决定因素,也可以说是气候造就了居住建筑。气候因素对一个地区的生产、生活方式都会反映在建筑上,会使之在布局、形式、功能构成等方面都有明显的地域特征,也是促成并维持一个地域独特建筑风格的重要因素。

桥梁建筑作为一种满足人交通需求的人工构造物,气候气象条件对其建筑风格的影响较小,但是地球热带、温带的雨量丰沛,河流密集,城镇发达,人口众多,这也造成人类各种社会经济、文化活动极为丰富,交通密集需求量很大,需要修建的桥梁建筑多,对自然环境的影响大;而像沙漠、高寒地区,一般河流不是很发育,由于人类活动的减少,所需修建的桥梁建筑较少,对自然环境的影响范围也较小。这也是人类桥梁建筑实践活动的一个特征之一。

(2) 自然资源是桥梁建筑的物质基础

传统的建筑实践活动大多以适应当地自然条件,利用当地原生建筑材料、资源为原则,因为这是比较经济合理的,可以节省不少社会人力资源,由此自然环境资源状况成为形成地域建筑风格特征、结构体系特征的重要决定性因素。古希腊在其早期的建造活动中逐步形成了石梁柱体系,除追求"永恒精神"社会价值观的影响之外,当地丰富的石料资源则是其得以兴盛的可靠保障。中国古代的木构架结构体系的形成也在很大程度上得益于其早期发祥地黄河、长江流域丰厚的林木资源。

古代桥梁亦是利用当时当地丰富的天然材料进行修建,中国古代就修建了很多木桥、藤桥、竹桥、石梁桥和石拱桥等。虽然现代桥梁建筑大多采用钢材和混凝土等人工材料来修建,但这也需要大量开采矿产资源,进行炼钢、制作水泥等,还要开采大量的砂石料作为桥梁的建筑材料,这些自然资源都是桥梁建筑的物质基础。

(3) 地形、地貌、地质、水文等自然条件是桥梁建筑形成的外因

自然环境的地形、地貌、地质、水源条件影响建筑选址、布局及形态。在人类早期的建筑实践活动中,其更是城市及重要建筑选址并形成总体布局框架的决定性因素。城市、集镇、乡村常常都相对集中在河流区域地带,以利于生产、商贸及交通。对于地形、地质、地貌的选择则要求有利于将来的可持续发展。世界上各地区大江大河流域和三角洲地区(如黄河、长江、尼罗河、两河流域等)都是人类古代文明的重要发祥地,云集了众多早期的大都市,这都与其早期有利于人类生存和发展的优越自然条件有着密切的关系。

桥梁建筑主要受到自然地表地形、气候气象、河流水文、地质构造、地震运动的极大影响。大江大河、大海大湖、高山峡谷地区人类高标准的交通需求会促成大规模、大跨径桥梁建筑的建造;否则,一般情况下,建造中小跨径的桥梁建筑就

可以满足人类社会的交通出行需求了。桥梁建筑对自然环境会产生一定的影响,首先,桥梁大多占用河道,会减少河道过水面积,影响河道泥沙运动、漂浮物运动,也必然影响河道的自然演变,对水域水体质量也会造成一定程度的污染;其次,桥梁建筑的修建会开挖地表土体,造成地表植被损害、山体塌陷滑坡的现象时有发生。雨量大、河网密布、山涧沟壑众多,地形起伏较大的地域,若人类活动交通出行密集则要修建的桥梁建筑较多,对自然环境的影响就较大;反之则所需修建的桥梁建筑较少。总之,不同区域的自然地理条件给人类活动、交通出行带来了极大不便,是桥梁建筑形成的外因,但人类的桥梁建筑实践活动也对自然环境和生态链平衡造成了一定的破坏。

(4)桥梁建筑向自然学习

丰富多彩的大自然不仅为人类提供了赖以生存的物质资源,也是人类不断学习创造的源泉力量。自然的形态是最原生态的科学形态,是大自然选择不断进化和优化的结果。无论是植物、动物的形态,还是山川地理自然地表的形态起伏,其中深层次的和谐统一已经非人力所能轻易达到的,其存在的形态都受到周围环境中各种因素的外力作用;不同的物质形态都是自然环境选择的结果,都能在自然环境中找到其存在的依据;不同环境下不同外力作用就会产生不同的形态结果。

各种丰富的自然形态内在的结构和规律性值得人类永远探索和学习,也值得桥梁建筑和其他类型的建筑设计者去学习模仿构思,不断提高当代建筑对自然的适应性、多样性和高效性。

在2008北京奥运会主场馆的设计招标中,"鸟巢"方案脱颖而出,如图3-3-2所示,其新颖的外观造型令人耳目一新,得到了许多专家的一致好评。其外形设计的灵感就源自鸟屋的结构。还有一个世界闻名的例子是日本的代代木体育馆,如图3-3-3所示,这是一个由瞬间海浪漩涡形态而引发的设计灵感,不仅造型独特给人很强的视觉冲击力,而且整个设计线条没有直角直线,多是悬索柔韧的弧度,被称为世界柔性悬索结构的典范。代代木体育馆建成已有数十年的历史,其外形新颖别致,结构轻巧合理,充分体现了仿生建筑与传统建筑形式相比非凡的优越性,对建筑结构形式的突破起到了非常重大的启示作用。

桥梁建筑概论

图 3-3-2　鸟巢国家体育馆

图 3-3-3　代代木体育馆

　　桥梁建筑也是人向自然学习和不断实践中产生的。远古人类祖先可能首先模仿倒在河上的一棵树木,学习架起了独木桥,随而衍生出了梁式桥造型。后来出现的拱式桥,包括应用在建筑上的拱式结构,都是源于爬行类动物如恐龙的骨架特点,人们发现并对其加以研究模仿,设计出了用料节省、方便实用、形式优美的拱式桥型。而后出现的桥型也无一例外是从自然界中获得的启示,如悬索桥、斜拉桥等索结构体系,是人们看到很细的蜘蛛网丝跨越很大的跨度而产生的灵感;中国古代的索桥,就是古代劳动人民向大自然学习的"藤蔓过河"自然形态方式,采用藤、竹或兽皮编制成绳索架设的溜索、吊桥、悬桥,是现代跨越能力最大的悬索桥最早雏形,它是中国对世界桥梁发展的重大贡献之一。如混凝土桥梁上普遍采用的箱梁及一些空心板梁的应用大大改进了桥梁的受力特性,同时减轻了自重,它在自然界同样能找到原型,竹子的节节上升而成材,成功的秘诀正是竹子的"腹中空",鸟的骨头和芦苇也是空心的,它们的重量很小,但是有极大的抗弯力和抗断力。由此可以说,人类努力创造出的几乎每一种优秀桥梁建筑形态,其核心原理在大自然中早就普遍存在了。总之,人类不断向大自然学习,无疑是探索更科学桥梁建筑形式的十分重要的途径和方法。

4 桥梁建筑美学法则

4.1 概述

建筑是人为了满足社会生活需要,利用自己所掌握的物质技术手段所创造的一种人工体系环境空间。从建筑的定义可以看出,建筑一般包含房屋、桥梁、园林、隧道、堤坝、港口、铁路、公路、机场、水利设施等人工构筑的客观存在的物质实体和空间。作为建筑众多类型之一的桥梁建筑——是人为了跨越障碍满足交通需求而采用物质技术手段建造的一种架空的人工通道和构造物,也是一种人造的实体和空间体系环境。建筑工作的方针和建筑设计的原则是"适用、经济、美观"。

建筑艺术是以建筑的工程技术为基础的一种造型艺术,主要是通过空间实体的造型和结构安排、相关艺术的结合、与自然环境的关系等发挥审美功能;通过合理的实用功能和先进的技术手段显示其艺术价值。建筑艺术是一种立体和空间艺术形式,它是通过建筑群体组织、建筑物的形体、平面布置、立面形式、内外空间组织、结构造型,即建筑的构图、比例、尺度、色彩、质感和空间感,以及建筑的装饰、绘画、雕刻、花纹、庭院、家具陈设等多方面的考虑和处理所形成的一种综合性艺术。

广义建筑艺术作为生活艺术,与文艺有根本性质的不同,是建筑有别于一般技术工程和构筑物的本质属性和本质特征;其艺术性在于将综合性、形象性和多样性,以及职业特点、创作设计和形式风格,贯穿在功能适用、技术合理和形象美观的统筹运营的全过程。如此,广义建筑艺术就是全部建筑资源的总和,"建筑艺术=建筑,建筑=建筑艺术"两者同义,互相通用,或者说,广义建筑艺术是全方位和全维度的全息理念,是"全境界建筑艺术"。在这里,功能、技术和艺术三者之间,仅有功能,叫作功能主义;仅有技术,叫作结构主义;仅在视觉造型上做表面文章,即"视觉体积表演",叫作形式主义或"唯美主义";唯有三者有机圆满结合,才是完整的建筑艺术和建筑学。

狭义建筑艺术,是指建筑的形式美观,即形式美的层面,与文艺又有相同相通的共性,采用建筑造型、空间组合、构图、立面形式等方式表达。在这个层面上,可以暂时不涉及功能和技术的内容。广义建筑艺术涵盖功能、技术的"硬件"和形象造型的"软件",而狭义建筑艺术单指形象造型的"软件",即设计技巧、手法和语言。这些,应该说是关于建筑艺术的广义和狭义的两种含义和定义。建筑艺术是艺术工程、实用艺术,生活艺术。《北京宪章》(清华大学出版社,2002年出版)写道:"建筑学与更广阔的世界的辩证关系最终集中在建筑的空间组合与形式的创造上。……建筑学的任务就是综合社会的、经济的、技术的因素,为人的发展创造三维形式和合适的空间。"

建筑艺术是指按照美的规律,运用建筑独特的艺术语言,使建筑形象具有文化价值和审美价值,具有象征性和形式美,体现出民族性和时代感。建筑艺术具有以下特性:

(1)建筑的双重性

建筑既是物质的,又是精神的,具有双重性。这是建筑与其他艺术门类的显著区别。

建筑是实用与审美相结合的产物。其他艺术形式对美的追求可以是唯一目的或主要目的,而建筑却必须和实用联系在一起。建筑一方面具有物质性使用功能,如居住、工作或公共交往等功能;另一方面,它又要满足人们对美的渴望,给人以美好形象。所以建筑不是纯粹物质的,必须用美的形象来感染人;也非纯粹精神性产品,它有直接的功利和实用目的;建筑是技术和艺术相结合的产物。意大利现代著名建筑师奈维认为,建筑是一个技术与艺术的综合体。美国现代著名建筑师赖特认为,建筑是用结构来表达思想的科学性的艺术。优秀的建筑不仅要建筑师去设计,还要由能工巧匠将它建造出来。

建筑的精神属性具有层次性,它建立在物质性的基础上。最低层次:与物质功能紧密相关,体现为安全感和舒适感。中间层次:重在"悦目",体现美的形象,一般称之为美观。最高层次:重在"赏心",要求创造出某种情绪氛围,表现出一种有倾向性的情趣,富有表情和感染力,以陶冶和震撼人的心灵。

(2)建筑艺术的表现性

任何一种建筑都具有自己的建筑形象,通过各种空间、结构、造型来体现建筑形象。古往今来,许多优秀的建筑匠师巧妙地运用了空间、形、线、色彩、质感、光影等表现手段,创造了许多优美的建筑形象,给人以精神上的享受。建筑是表现性艺术,它不要求描述事件情节和人物性格,而是通过创造某种情绪氛围,激发欣赏者相应的情感。其所表现的情感形式具有抽象性。建筑艺术创造表现的手法和语言主要有面、体、空间、建筑群体和环境艺术。

"面"是表达建筑艺术的基本单位。建筑中的面,一是作为片状形式而独立存在;二是作为体的表面,表现体的形状及表面形式。面的不同形状及其不同的处理方式给人不同的心理感受。建筑的面具有造型艺术的图案美,要运用建筑形式美法则创造性地加以处理。如希腊帕提农神庙、五台山佛光寺大殿的主立面。建筑是由各种构成要素如墙、门、窗、台基、屋顶等组成的。这些构成要素具有一定的形状、大小、色彩和质感,而形状又可抽象为点、线、面、体,建筑形式美法则表述了点、线、面、体以及色彩和质感的普遍组合规律。如变化与统一、主体与从属、对比与微差、均衡与稳定、韵律与节奏、比例与尺度、对位与呼应等,以及虚实、明暗、色彩、材料、质感。建筑形式美法则是随着时代发展的。为了适应建筑发展的需要,人们总是不断地探索这些法则,注入新的内容。传统的构图原理一般只限于从形式本身探索美的问题,具有局限性。因此现代许多建筑师从人的生理机制、行为、心理、美学、语言、符号学等方面来研究建筑创作所必须遵循的准则。尽管这些研究还处于探索阶段,但无疑会对建筑形式美法则的发展产生重大影响。

"体"是三次元的空间造型,在空间中实际占有位置,有长、宽、高三维尺度,从任何角度都可观看。体在建筑中的应用最为直观,人们所感受到的建筑是体的表现形式。对建筑来说,体比面的处理更重要。体包括体形和体量,体形和体量是建筑给人的第一印象,其处理也需要遵循建筑形式美法则。建筑体形组合丰富多样,不同体形的自身特征、不同组合体形的外在形式,都为建筑的表达增加了表现语言。如中国嵩岳寺塔体形高耸,层层屋檐形成许多水平线,轮廓饱满而富有张力。而法国巴黎圣母院,体形高耸,一味瘦高,突出升腾之势。体量的巨大是建筑与其他造型艺术的显著区别。有些建筑的面、体形都很简单,主要靠体量的呈现。体量的巨大显示其艺术性格。体量的巨大不是绝对的,适宜才是重要的。如埃及金字塔巨大体量带来震撼,而中国园林中的建筑则注重较小体量,体现亲切感。

"空间"是建筑独有的艺术语言,具有巨大的情绪感染力。"埏埴以为器,当其无,有器之用。凿户牖以为室,当其无,有室之用。故有之以为利,无之以为用。"中国先哲老子智慧地表达了空间与实体的辩证关系。即人们建房、立围墙、盖屋顶,而真正实用的却是空的部分:围墙、屋顶为"有",而真正有价值的却是"无"的空间;"有"是手段,"无"才是目的。建筑空间是人们为了满足生产或生活的需要,运用各种建筑要素与形式构成内部空间与外部空间的统称。它包括墙、地面、屋顶、门窗等围成建筑的内部空间,以及建筑物与周围环境中的树木、山峦、水面、街道、广场等形成建筑的外部空间。不同的空间特点会产生不同的情绪效果。巧妙地处理空间的形状、比例、大小、方向、开敞、封闭、明暗,使建筑艺术显出连续性的丰富空间感受。

"建筑群体"常常是由若干幢建筑摆在一起,摆脱偶然性而表现出一种内在联系和必然的组合群。建筑群体中各建筑的体量、高度、地位有层次、有节奏;建筑形体之间彼此呼应,相互制约;外部空间既完整统一又相互联系,从而构成完整体系。内部空间和外部空间相互交织穿插,和谐共处于一体。一系列不同建筑、空间的组合,使人的情绪发生不同的变化,获得整体的享受。建筑群体的艺术感染力,比起某一个单独的建筑单体来得更加强烈、更加深刻。中国的传统建筑尤其重视群体组合。

"环境艺术"是人与周围的人类居住环境相互作用的艺术。建筑从诞生之日起,便是作为人的环境出现的,它就是环境艺术。任何建筑物都不是孤立地存在的,都处于一定的客观环境之中。建筑艺术是环境艺术的主体,是环境艺术的主要载体的体现者。建筑环境是一个融时间、空间、自然、人文、建筑和相关门类艺术于一体的综合性系统工程。建筑与环境雕塑、环境绘画、建筑小品、工艺美术、书法甚至文学以及家具、地毯、灯具组合在一起;还与山、水、树、石及它们的形、体、光、色、声、味所组成的自然环境,历史、乡土、民俗等人文环境高度有机组合,由建筑艺术统率并协调,产生巨大的整体艺术表现力。

(3)建筑艺术的社会性

建筑,是一个历史时期社会文明的象征,是当时一段社会生活的缩影。建筑与人类生活的密切联系,其艺术表现力与人类文化有着深刻的对应关系。不同文化圈的人群会有不同的建筑观念,不同的建筑艺术手法、趣味;不同地域、民族、阶级,不同时代,建筑艺术作品都有不同的面貌,反映出深刻的文化内涵。杰出的建筑艺术作品都是文化的最鲜明、最深刻也是最长久的体现。首先是建筑的民族性和地域性:不同的民族有不同的建筑形式,不同的地区,由于气候、地理、文化等条件的不同形成建筑形式的地域差别;同一民族,由于地域条件的不同,建筑形式也不一样。其次是建筑的历史性和时代性:不同历史时期的建筑形态,具有较大的差别。

在人类诞生之前,万物皆生活在自然界中。当人类出现之后,为栖身而搭建窝棚,挖掘洞穴,成为人类史上最初的建筑。经过数万年的发展进步,人类对建筑的要求也远远超越了最初的需求。建筑艺术的类别复杂而繁多。从使用的角度来分类,有住宅建筑、生产建筑、文化建筑、园林建筑、纪念性建筑、陵墓建筑、宗教建筑等;从使用的建筑材料来分类,有木结构建筑、砖石建筑、钢筋水泥建筑、钢木建筑等;从民族风格上来分类,有中国式、日本式、伊斯兰式、意大利式、英吉利式、俄罗斯式等;从时代风格上来分类,可以分为古希腊式、古罗马式、哥特式、文艺复兴式、古典主义式等。建筑艺术形象具有特殊的反映社会生活、精神面貌和经济基础的功能。历代建筑艺术与它所处的历史时代、地理气候、民族文化和生活习俗密切相关,同时受到材料、结构、施工技术的制约。由于中西方文化差异,中西方建筑从材料、空间布局、建筑的发展上同样存在着很大的差别。西方各民族流传下来的主要建筑多半为供养神的庙堂,如希腊神殿、伊斯兰建筑、哥特式教堂等。而中国大都是宫殿建筑,即供世上活着的君主们所居住的场所。

在人类社会原始时期,所谓建筑就是指"居住建筑",只有实用的意义,建筑功能就是给人一个遮风避雨的临时居住之处。而后随着人类社会的发展,人们对建筑不仅要求实用,而且要求好看、美观。这样建筑开始具有物质和精神、实用与美观的双重价值,即建筑既是物质产品,又是精神产品;建筑设计既是工程设计,也是一种艺术创作。它首先要满足人们的物质生活需要,同时又要满足人们的精神需要——心理需要和审美要求。它是实用功能和美观的统一,也是科学技术和艺术创作的统一。建筑不能离开物质功能而单独存在,失去功能价值就成为纯"艺术品";但是也不能脱离美观要求而纯功能实用,建筑失去了美观,失去了艺术价值就同样不会使人接受和喜欢。

总之,建筑艺术是一门综合性的应用学科,而桥梁建筑艺术作为建筑艺术的一个分支,其建筑形式的创作亦是要受到各个方面的约束,需要遵循力学法则、视觉法则、社会法则和自然法则等艺术美学法则。

4.2 桥梁建筑美学素质

人类幸福生活中的欢乐和身心健康在很大程度上取决于我们生活环境的美学素质。现在对于大多数人来说,环境的含义乃是"建成的环境"这个比较狭义的范围空间,不仅包括人们生活和工作的居住区和城市,而且还包括了人们驾车驰行的城市道路、公路和铁路系统。为了满足人交通和运输需要而修建的桥梁建筑,也是这个"环境"的一个组成部分。人类几千年修建了数以万计、千奇百态的桥梁建筑中,有不少是极具美学素质的艺术精品,但也有不少是难看的,同时有更多的不是那么引人注目,甚至被其他建筑物夺去了光彩。这些都值得所有桥梁建筑师深思,必须从设计阶段开始,就要考虑如何去深入开发桥梁建筑的美学素质和艺术价值,这一切都是为了人类欢乐和身心健康的幸福生活的需要。不可否认的是,所有桥梁建筑都会具备一定潜在的美学艺术素质,这些素质多多少少会影响人们的生活和心理状态,需要人不断去进行感知认识、分析、判断和深入学习,并形成一定的桥梁建筑艺术美学准则,来更好地指导我们的工作。

"美学"的概念是德国哲学家鲍姆嘉通(Alexander Gottlieb Baumgarten,1714—1762)在1750年首次提出来的,是研究人与世界审美关系的一门学科,它属于哲学、生理学和心理学的研究范畴。美学研究的对象是审美活动,审美活动是人的一种以意象世界——客体为对象的人生体验活动,是人类的一种精神文化活动。

　　古典美学哲理有一种思想流派认为美并不是客体本身的属性,而是仅存在于观察者的想象之中,它是依赖于观察者的经验,认为"美学的价值并不是事物的天生属性,而是由观察者的头脑提供的某种性质,一种理解和感觉的解释"。他们甚至对客体的存在都产生疑问,认为现实世界中只有振动着的原子存在,而人所觉察到的一切事物都是主观的,只是由人的感觉器官所描绘的虚拟存在,这显然是典型的唯心主义思想。

　　唯物主义认为,物质决定意识。人类几千年以来所有的观察和经验都证明了客体是有美的属性的,它与个别人发觉或未曾发觉这些属性无关。美学价值由客体作为一个信息或刺激进行传播,它取决于每一个人的感觉对接受相协调的程度。但美的属性并不能被客体的性质限制于任何特殊的固定的价值之中,而是根据观察者不同的个性,在一定的价值范围内变化,在交流的过程中产生判断。美学特性不仅由客体的形式、色彩、光和影来表现,同时也由与客体附近的周围环境来表现,它们也依赖于客体的自然环境。因此,人必须首先承认客体具有美的属性,然后去探寻人如何接受和处理这些美学信息问题,即进行人的"审美活动"。

　　建筑美学的研究对象是人以建筑为客体对象的审美活动,即建筑这一客观存在的物质实体空间在人类意识中的反映给人类带来的一种精神体验。根据定义,建筑是为了满足一定的功能需求而创造的人工产物,例如,房屋建筑是为了提供一定的空间场所,桥梁建筑是为了跨越障碍的一种架空的人造通道,园林建筑是为了达到某种意境而营造一种人工环境等。因此,功能性是建筑存在的基础,而不同的建筑功能决定了不同的建筑形态。建筑形态是在人的主观意识中产生美感的可视载体,会通过人的感觉器官在人类意识中产生不同的反应和判断——"美"或者"丑",它总是能引起满意、愉快、欣赏、沮丧甚至厌恶的感情。托马斯·阿奎纳斯(Thmas Aguinas)直率地说:"如果有一样东西,当它被人观察到愉快时,那就是美的。美包含完整性,合适的比例和色彩的光泽"。社会学家巴尔特(H. P. Bahradt)说:"作为一条规律,美学判断发生在一定的社会处境中。通常观察者总是在一定的社会处境中进行判断的。观察者可以是一个组织、一个公共团体,或者是一个团体或社会中的一员。在空闲的时候,或在繁忙生活的间隙的时候,社会处境总是不断地起作用。在每一个不同的社会处境中,观察者便有不同的感受和解释,因此就有不同的美学经验(映象)"。另外,虽然我们必须看到客体和自然环境、客体和社会处境的关系,但更重要的是,要看到客体的处境和作为观察者的人的经验背景之间的关系。观察者是感情上受影响的人,影响的效果取决于观察者感觉的健康状况、心情、精神状态。当观察者处于悲伤或欢乐状态时,将会有不同的感受。观察者的经验(包括知识和实践背景、认知水平)将唤起其下意识地准备着的、或其处境启发的概念和事实。这种"延伸"影响着观察客体的效果,并且还包含大部分人所具有的偏见,这种偏见也强烈、长久地妨碍着观察者对客体的认识和判断效果,但它并不影响客体美的属性存在。康德(Kant)在他的《纯粹理性批判》(商务印书馆,1960年出版)中认为,美是虽然需要凭借概念而普遍令人愉快。"普遍令人愉快"是指必须使大多数观察者都喜欢它,客体在它们的目的或用途之外能够产生"愉快","非兴趣的愉快"是客体中与任何人的兴趣都无关的愉快,这就是属于客体给人的所谓美感。

建筑艺术与其他一般的艺术如绘画、音乐、文学等既有相同的美感要素,又有三点很大的不同,这是由建筑的本质决定的。一是建筑的物质性,它是物质技术手段建造起来的,受到社会、经济、技术的制约;二是建筑的空间性,建筑艺术是空间的艺术,任何建筑都要具有供人使用的空间,身临其境就会同时体验到建筑形态和空间造型艺术的一种动态综合效果;三是建筑的场地性,任何建筑都建造于一个固定的场所,始终与周围的环境联系在一起,需要人亲临现场,从周围环境、背景的总体感受中去体验其艺术价值。除此之外,桥梁建筑还具备自身一定的技术特性、几何特性、地域和民族特性、时代和历史特性等,其美学形态需要利用这些相互作用、相互推进的特点,采用"物质手段""技术手段""美学理念"相互结合来实现。

从人类以天然的石头垒起简单踏步,利用倒塌的树木架起独木桥,就开始在上面留下美学印记。随着时代的发展,桥梁建筑愈加强烈地体现出一定的社会意识,不断地向建筑艺术的方向发展。桥梁建筑艺术作为建筑艺术的一个分支,是桥梁建筑师在熟练地掌握艺术媒介物质的自然属性及其规律的基础上,通过物质技术手段创造出来的去使人感知和认识,从而发挥其社会影响,能够体现一定社会生活内容的结构艺术形象,是一种科学和艺术精神高度结合的建筑艺术,它融汇了造型艺术的一切要素以及科学技术的伟大成果。

桥梁建筑艺术是一种实用与审美相结合的艺术,它一方面受到物质技术水平和实用功能的制约;另一方面,桥梁建筑造型包括栏杆和桥头堡等附属设施的形式和风格的演变又受到人们精神生活,特别是社会政治、经济、宗教、历史、文化、风俗等意识流的影响。如赵州桥的蛟龙栏板雕刻精美,寓神话传说与当地文化于一体,充分显示了当时人文风俗与技术水平的融合;卢沟桥石狮,活灵活现,双目凝神,注视桥面,酷似桥梁的守护神,给行人和当地居民以充分的安全感。不过,桥梁建筑艺术也有强烈的主观性,优美的桥梁融入了桥梁建筑师个人的情感色彩和艺术手段。实用和美观的双重特性,决定了桥梁建筑艺术往往注定是一定时代、一定社会的物质生活和精神生活最醒目的见证,完美的桥梁建筑既有功利性,又不能缺乏美的属性,一定是物质与精神的对立统一。古朴典雅的中国赵州桥、气势磅礴的金门大桥,无不显现出桥梁建筑空间跨越的卓越力度与美感,它们与金字塔、长城和埃菲尔铁塔等这些人类最伟大的建筑作品一样,闪烁着不朽的历史光辉,一起共同构成了建筑艺术的美。

因此,桥梁建筑要给人以美感,就需要在融入政治、经济、历史、文化、宗教、军事、民族、地域、风俗等社会处境因素,充分考虑地表地形、气候气象、河流水文、地质构造、地震运动等自然环境因素的前提条件下,采用物质技术手段不断塑造和创作其不同的"建筑形态",即"桥梁建筑造型",然后通过人的感觉器官,就会在人的大脑意识中对桥梁建筑这个可视载体产生不同的美学反应——满意、愉快、欣赏、沮丧甚至厌恶的感情,如果能够达到"满意、愉快、欣赏"等正能量效果,可以说就造就了真正的桥梁建筑美。

不论是那些跨越一般河流、障碍物的中小桥梁,还是那些跨越深谷激流、大江大海大湖的巨大跨径的雄伟现代化桥梁,它们总是那么让人感到亲切和着迷。建造现代化桥梁建筑精品工程,往往需要具备很多方面的条件和因素,首先需要强大的经济基础、先进的科技能力、雄厚的物质和装备水平、巨大的社会人力资源,还需要有渊博的知识,有做出决断的勇气和完成建设任务的组织领导和实施能力。桥梁建筑对于那些具有卓越才能和自信心的工程师来说,是一项既能吸引人又富有挑战性的极其艰巨的建设任务。桥梁建筑一旦建成通车,它将会使人感到征服自然阻碍的无限快乐和极大满足。

4.3 力学法则

桥梁建筑结构是其建筑形式创作的基本要素,桥梁结构体系及构件的尺度大小等,都是需要根据力学法则进行科学分析和计算而确定的。桥梁建筑形式首先需要满足各种稳定结构体系下作用力的有效传递;在设计时要考虑桥梁建筑所用各种材料的强度、裂缝、局稳、疲劳和焊接应力等问题,还要考虑地基承载力、沉降、稳定问题,风雨、地震等动荷载的动力响应不可忽视。因此,在进行桥梁建筑形式设计时,大到桥梁跨径、塔高、高跨比,小到桥梁墩柱大小、梁的高低、横断面尺寸等,都要首先满足结构受力要求,而非仅人视觉上需要满足的形式。桥梁力学涉及理论力学、结构力学、材料力学、结构动力学、弹塑性理论、岩土力学和水力学等力学中的诸多分支,即与桥梁设计关联甚密的结构静力学和结构动力学两大部分。桥梁建筑的结构受力特点与其桥型和结构体系有着密切的关系,如斜拉桥就是以主梁的受压为主,可以充分发挥出混凝土或钢主梁强大的抗压能力,所以跨径一般可以做得较大;而一般梁桥以受弯为主,受到自重及活载弯矩的影响,跨径则相对较小。这些力学法则都需要所有桥梁建筑设计师熟练掌握和遵循应用。例如,根据力学法则,桥墩立柱一般是垂直于地面的,用于传递上部构造的自重和活载作用于地基,常常应该是下大上小,它符合万有引力定律,同时材料的垂直受力也能够最大限度地发挥材料的强度,但如果反之,让桥墩立柱倾斜于地面或者采用上大下小的尺寸,则违反了力学法则,在视觉上就会让人产生不稳定的感觉。现在有的人为了所谓的"创新",违背力学法则进行桥梁建筑形式的创造,在现代技术条件下也是有可能实现的,但是付出的经济代价将是非常昂贵的,也必将违背了桥梁建筑经济性的原则。如那些"假斜拉""假拱"的所谓景观桥梁,它们违背建筑的"力学法则",既不经济,也不实用。

4.4 视觉法则

桥梁建筑与其他类型的建筑一样,是一种立体和空间艺术,也是一个视觉的艺术,人们每天都在用它,也在天天看它,其建筑形式和空间形态都是非常引人注目的。一座桥梁建筑建成通车以后,总会引发公众不同的社会生活和心理精神感受,也总是会引起人们不同的评鉴和议论,这是由人的审美观念和价值取向的差异造成的,但是其"视觉法则",即桥梁建筑形式美规律还是客观存在的,不能把人的审美观念、价值取向与视觉法则混为一谈。我们在进行桥梁建筑造型艺术活动中,就必须科学地自觉遵循桥梁建筑形式美的视觉法则。

桥梁建筑与其他类型的建筑一样,其所有构成要素都会具有一定的形状、大小、色彩和质感,而形状又可抽象为点、线、面、体,建筑形式美法则表述了点、线、面、体以及色彩和质感的普遍组合规律。如变化与统一、主体与从属、对比与微差、均衡与稳定、韵律与节奏、比例与尺度、对位与呼应等,以及虚实、明暗、色彩、材料、质感。当然,建筑艺术的"视觉法则"(即建筑形式美法则)也是随着时代而不断发展的,为了适应建筑发展的需要,人们总是不断地探索这些法则,注入新的内容。传统的构图原理一般只限于从形式本身探索美的问题,具有局限性,因此现代许多建筑师从人的生理机制、行为、心理、美学、语言、符号学等方面来研究建筑创作所必须遵循的准则。尽管这些研究还处于探索阶段,但无疑会对建筑形式美法则的发展产生重大影响。

桥梁建筑作为重要的交通基础设施,在具备跨越障碍物通行功能的同时,更加具有视觉特性,是一种人工构造的交通体系环境空间中的可视化载体,不同程度融入周围环境空间之中,了解视觉原理和视觉心理现象是桥梁造型设计中重要的基础条件。前面已经提到,桥梁技术、结构受力、地理环境、政治、经济、历史、文化、宗教、地域风俗等要素共同形成了桥梁建筑设计的限制条件,这些限制条件直接影响和制约了桥梁外观造型的形成。一个美好的桥梁建筑造型实现功能、受力合理、高效经济性基础上的视觉和谐。人可通过视觉媒介来感知桥梁的形态、色彩、气势和内涵,桥梁建筑开始时就宛如视觉画面中的一个"点",连接起桥梁两岸形成视觉"线",再与周边环境建筑群构成视觉空间环境中的"面"和"体","点、线、面、体"共同形成人们对当地周围空间环境的综合印象、理解与感受。桥梁建筑外观造型设计必须兼顾观察者的所有观看视角,综合考虑桥梁与周边环境关系、桥梁自身比例、桥梁细节处理,因此视觉原理在桥梁设计中的应用具有重要意义。

人通过视知觉进行形态感知。视知觉即人以眼睛作为主要认识事物的感觉器官,外界事物通过光的媒介传递到双眼。人眼在构造上是普遍相似的,多数人对同一客观事物视觉接收到的信息基本相似,如事物的形状、位置、色彩、动静、体积等,人们通过视知觉对外部事物有了基本的认识。

人通过视知觉形态感知后,大脑意识必然产生一定的反应、判断和联想。人将客观存在的外部事物通过眼睛的视知觉,会形成一个从"视觉→感知→反映→判断→联想"审美活动过程。人除了对外部信息的接收,还会通过个体经验与内部信息处理在人大脑中产生反映、判断和联想。由于每个人不同的生活环境、经历与文化背景,对同一客观物体、不同人产生的反应、判断和联想会有个体差异,因此须考虑特定环境区域中受众群体的审美习惯差异,需要通过设计尽量引导人们产生具有共性的美学反映。

桥梁建筑在周围环境空间中根据人不同观看位置可以分为"近观、中观、远观"。一是"近观",包括桥面人行、非机动车行、车行等视角。身处于桥梁之上或桥下,以桥梁自身的空间结构与形式、肌理、材质、色彩、细节处理等作为视觉主体。二是"中观",以桥梁两岸、附近周边范围内的可视区域。桥梁自身的整体形态、比例、体量、色彩等作为视觉主体。三是"远观",桥梁成为符号化视觉元素融入周围环境空间中,桥梁的轮廓、整体比例、特征为视觉主体,桥梁与周边环境中的建筑群形成整体的构图关系。桥梁建筑具有开放性的空间,与周边环境产生直接关联。因此,桥梁整体形态的轮廓与周边建筑群必须达成视觉和谐,桥梁自身比例也要达到视觉上的和谐。

远观桥梁时,桥梁自身的三维空间感会减弱,呈现出更加二维的视觉画面,此时桥梁的高度、比例、形态为主要的视觉要素。将视觉平面中的要素进一步拆解,可以拆解为点、线、面、体。功能需求决定桥梁形式,在满足限制条件基础上,桥梁形态设计与高度设定可运用视觉构图原理。整体考虑桥梁与周边环境的构图比例关系,运用视觉构图法则、黄金分割法等将画面中的多种视觉要素在不同平面体系中构建出合理的视觉关系。桥梁与两岸环境的视觉连接须达到平衡与和谐,桥梁不仅在功能上连通两岸,也衔接着两岸的视觉关系,桥梁整体轮廓线形要与周边建筑群视觉上保持连贯性和整体性。可通过视觉补充的方法来进行方案的设计,整体的视觉连接形式可决定桥梁高度与形态,主要连接形式有弱化映衬、平缓过渡、强调突出等,从而使桥梁建筑整体能到达视觉上的和谐。

中观桥梁时,以桥梁自身的整体形态、比例、结构空间为视觉主体。格式塔心理学对形态构成进行了研究,"格式塔"源于德语 Gestalt,英译有"形式"(form)与"形态"(shape)的含义。"形式"偏重空间结构,"形态"偏重排列关系。格式塔心理学认为:任何"形"都是由知觉进行了积极的组织或构筑所产生的结果,而非客观事物本身所具有的。美国格式塔心理学家阿恩海姆认为:"任何线条都可表现,如上升、下降、强调、平静、杂乱……"桥梁形态可以概括成"线",不同形式的"线"会带给人不同的语义和感受。如斜线具有动势、水平表现平静、垂直表现庄重等,可运用视觉心理原理赋予桥梁不同的形态语义、气质、气势和象征含义。

近观桥梁建筑形态与空间的构成,视知觉范围内的桥梁空间不仅包含实体形态,同时包含实体形态之间构成的非实体空间,像中国画中的留白,空白也是认识事物的一部分,非实体空间可使人产生更广阔的思维与联想。桥梁构件与构件间形成的"留白"空间共同构成了桥梁空间,通过形态构成虚实结合可创造空间、推断空间、想象空间、感受空间。主体结构的设计方法可运用现代艺术设计造型概念三大构成，即平面构成、色彩构成、立体构成。通过对桥梁实体结构的设计可创造出不同类型的空间，单一或联动、封闭或开放空间等，空间也可通过设计产生流动，如单向流动、双向流动与多向流动。桥梁自身有不同的功能区：车行道、非机动车道、人行道。人行道也可以区分出不同的功能：慢行、休憩、观景、购物……通过空间构成设计整合不同的功能区之间的关系，解决更多的功能需求，使桥梁能有丰富的空间层次，同时也能给人与车更好的心理体验。

桥梁建筑作为人工设计建造的产物，受力结构与功能决定了大致的桥梁形态，外观造型设计必须紧密结合结构受力，要将受力的结构"线"通过外观设计将故事性的美学概念浓缩其中，即抽象化其形态与意象，赋予结构形态语义让人产生积极联想。从古至今设计风格与时代变革同步革新，设计大致从繁复走向精简，"精炼"即减少了视觉信息输入，能更快、更精准传达视觉信息。在当下如果再设计一个欧式古典或中国古建风格的桥梁已无法再适应时代进步的速度，精炼的设计更符合信息化时代的审美偏好，可以应用到桥梁设计中，设计出具有前瞻性的桥梁外观。抽象是精简设计的主要方法之一，对自然存在的具象物体提炼出其本质属性，形成结构简单、形态明确、特点突出的新形态，这个过程实现了精简。通过抽象保留了原具象形态的特征与语义，减少视觉信息的输入，让人便于记忆，外观更具识别性。自然是无穷的灵感来源，通过抽象的方法师法自然，能将人工设计的桥梁赋予自然的语义，从自然环境中生长而出，与环境相融合。

自然界生命体中的物体形态都有一个相互关联的核，所有元素围绕这个核，桥梁外观造型设计亦是如此，可以抽象出一个基础单元，所有形态的变化都围绕这个核心进行环环相扣。以基础单元为核心可以设计出多种规律，使单元有多种变化，所有形态构件都源于基础的核进行桥梁细节的精细化设计，从而使桥梁整体形态与细节构件能达成视觉的统一、和谐与完整。计算机技术的发展、参数化设计的应用、施工技术的革新以及加工工艺的信息化革命，可以给桥梁造型外观设计带来更广阔的创新活力,非线性设计与有机形态可在桥梁外观中应用。

总之,桥梁建筑外观造型形式美的规律源于视觉,但也超越视觉;人对桥梁建筑的审美活动基础是其实体和空间的客观形态,但也超越其客观形态。外观造型艺术设计不仅要赋予桥梁建筑的外观造型形态,还要引导人们产生美好的联想,阅读到设计所要传递的美学因素内涵概念。一座美的桥梁,不仅有和谐的视觉感受,也能带给人良好积极的情感和精神体验,能让人们对周围环境空间留下极其美好的印象。

4.5 社会法则

建筑作品与其他一切文学、音乐、电影、书画等艺术作品一样,常常是备受社会关注的作品,不能无视使用者的心理行为需求。因此,建筑设计师应具备高度的社会责任感,建筑创作要遵循相关的国家方针政策、社会行为法则和约定,重视公众审美情感的反应。公众对于有影响的城市景观和新建筑物都会进行评头论足,甚至概括起来并采用极其简练、鲜明、形象又带有某种寓意的语言予以表述,有些被颂为当地标志性建筑,充满时代感,代表了当今社会的蓬勃发展和进步,进而被广泛传播。但也有一些被散播为社会形象不好的城市建筑典型。如某市的汽车客运中心站就被喻为"棺材"的诡异形象。再如,在某市人们对某行政办公大楼的外部形象就评价为"两面三刀""挖空心思""歪门邪道""走后门"。这些公众评鉴言论不仅是对建筑形象的评定,而且也影射了一些社会问题。这说明了城市的景观和建筑形象会使公众产生与审美相关的情感反映,有的令人愉悦,有的令人激动,有的则令人反感,不能不引起所有建筑设计师的高度重视和深刻反省。

当然,由于人的社会和文化经历的不同,以及人的心理及生理等因素的不同,都会造成人们审美观念的差异。建筑设计师与不同的社会公众对于建筑形象的喜好存在相当大的差异。国内外有很多著名的建筑方案就存在建筑师们的评选意见与公众意见不一致的情况,因此如何创作公众喜闻乐见的又能够雅俗共享的建筑形象一直都是所有建筑师都要面临的挑战。国内外经验表明,在规划设计中,尤其是大规模的工程规划设计时,必须提倡公众参与。如美国法院已经裁定,建筑美观应作为由公众控制的、单独的基本要求(引自林玉莲、胡正凡,《环境心理学》,中国建筑工业出版社,2018年出版)。这表明建筑设计的指导原则和设计外观的评估必须要重视公众参与,并制订相应的法律基础。同时,必须对公众的偏爱喜好等情感反应认真进行研究。近年来,我国一些大型设计项目公开招标以后,很多业主也会将所有设计方案进行公开展览,公众的评鉴意见对建筑方案的最后决策往往起到了很大的作用,这也是对不断满足"人民日益增长的美好生活需要"的响应。

4.6 自然法则

　　大自然是所有物质的来源,同时,它也是人类建筑设计构思的创意源头。自然界中的生物多种多样,它们的形态不仅伴随其功能而生,也遵循着自然演变进化的法则。诚然,"自然法则"和"自然规律"有着其他很多科学和哲学意义上的解释及理解,但不同的地域有着不同的自然环境,而作为人与自然之间中介的建筑,就要像植物一样,落地生根,合天时,合地利,适宜于地区自然环境的要求,并要向大自然学习其自然形态和规律,与大自然融为一体。建筑既要根植于自然环境,又要服从于自然环境,这是建筑师必须遵循的一条基本原则,成为建筑艺术的自然法则。所以,建筑设计师在进行桥梁方案构思与创作时,就要让自己深刻体验当地的生活,了解当地的自然与文化,研究当地的风土人情,观察当地的乡土特色建筑风格,并且认真研究当地的自然资源和自然条件,才能更好地遵循桥梁建筑艺术的自然法则。

　　自古以来,人类建筑活动始终围绕着"人与自然"这一主题。自然因素对建筑创作的能动作用是不可否定的,建筑造型的生成与创作也特别需要效仿自然,"仿生构思"是建筑创造实践活动中的一种非常行之有效的方法和途径。在生态危机日益严重的现代社会,建筑业对自然生态环境的保护和创造更是有着不容忽视的责任和作用。人们在观察物体时,不自觉首先会联想到生命形态的整体或者局部,甚至形态的轮廓线条。基于"生命是美的"这种人天生的审美情结,凡是模仿生命形态的物体造型设计,人们都认为是美的。所以建筑物造型首先要迎合人对生命美的追求,体现人与自然和谐的气息。

任何建筑都必然要处在一定的自然环境之中,并和自然环境保持着某种联系,自然环境的好坏对于建筑形象的影响非常大。而建筑本身仅仅是自然环境的一个部分,建筑美从整体上说是服从于周围自然环境的。自然界也只有被纳入人的生活轨迹中,才能成为人的现实生活要素,人类的建筑活动作为人类征服自然、改造自然的一种创造性劳动,毫无疑问具有明显的实用功利目的,但同时又必须兼具审美意识。在建筑形体生成的过程中,要善于利用周围自然环境中有利的因素,并能将不利的因素转为有利的,为建筑所用。建筑是按照人的意思被切割出来的,属于人工创造的产品,而自然环境则属于自然形态的东西,这两者并不是天然就是和谐共处的,而应该是通过一些组合处理,来协调这两者的关系,只有使它们巧妙相结合,才能在更大范围求得统一,任何建筑只有当它和自然环境融合在一起,并和周围建筑共同组合成为一个统一的整体时,才能充分地显示出它的艺术价值和表现力。

中国传统美学思想博大精深,儒、释、道等各家各派都形成了自己重要的哲学思想体系和美学范畴。其中,道家提倡的"天人合一"理念则充分体现了人与自然关系的最高境界,所谓"人法地,地法天,天法道,道法自然",值得人们借鉴,以建立桥梁建筑与自然的和谐之美。"天人合一"是中国古人独特的宇宙观,认为人道与天道同源同构,万物本是一体,由此产生的哲学观就认为人与自然从来都不是对立的主客体关系,而是一个和谐统一、彼此交融的有机整体,而其美学表现则是对自然的崇敬和对自然之美的欣赏。结合桥梁建筑艺术特征来看,"天人合一"的审美意识可表现为在桥位的选址、总体布局、设计施工上都尽量融入自然、师法自然,使桥梁建筑展现出自然和谐之美。

从中国古代的诸多建筑形式中,我们都能体会到由"天人合一"的审美意识所塑造的自然和谐之美。例如,中国传统建筑尤其注重融入自然,不但尽量将建筑建于自然山水之中,而且凸显的环境主体往往是自然因素而非建筑个体造型。

中国的园林艺术将亭台轩榭、假山池沼与花草树木、山体水脉融为一体，不但可行、可望，而且可游、可居，实现人与自然和谐的审美性生存。融入自然，从建筑上而言是指将建筑建造在天然山水之中，以期实现人工构筑与自然环境的有机统一。而桥梁建筑本就是为了跨越山川河流而设，相比于住宅建筑，融入自然环境的条件更加优越。

桥梁建筑"融入自然"的方式主要是考虑顺应当地的气候特征，以及配合适应好当地的地形地貌。顺应气候特征就要根据当地气候特点来确定桥梁的整体风格。比如在阴霾多雨的江南水乡，桥梁建筑整体风格就可以适当展现为疏淡雅致，好似徽派建筑一般可以配合营造一幅如水墨山水般淡雅古朴的意境；而在气候干燥、万里无云的北方，桥梁建筑可以适当做得气势恢宏、雍容华贵，更加彰显江河山川的豪迈气概……总之，顺应气候特征而建的桥梁建筑总会别具风情、个性鲜明，富有地域特色；同时，与当地气候适应协调的桥梁建筑又塑造了不同的自然风貌和特色。桥梁建筑积极配合适应当地的地形地貌不但可以很好地融入自然环境，而且还能凸显自然山水的神韵，造就当地自然环境的地域特色。例如，著名桥梁专家邓文中认为重庆所处的长江上游江面较为狭窄，不适宜建设像苏通大桥那样超大跨径的桥梁，因此菜园坝长江大桥就配合地形地貌采用了中承式无推力钢管混凝土系杆拱桥的形式，再配上高彩度的红色调，显得既轻盈灵动、又富有活力。在多雾的山城重庆，当整个城市在雾气中影影绰绰之时，唯有这醒目的"飞虹"穿透浓雾，形成一道独特的城市天际线，让山城风光更加美不胜收。

桥梁建筑"师法自然"，就是要模仿、效法自然。这个"自然"包含了两层意思，一是自然环境，二是自然而然的状态，所以模仿和效法的不仅是自然物象，还有一种"宛若天然生成"的自然状态。桥梁建筑是人向自然学习和不断实践中产生的。远古人类祖先模仿自然架起了独木桥，随而衍生出了梁式桥。而拱桥，包括应用在建筑上的拱式结构，都是源于爬行类动物如恐龙的骨架特点，人们发现并对其加以研究模仿，设计出了用料节省、方便实用、形式优美的拱式桥型。而后出现的桥型也无一例外是从自然界中获得的启示，如悬索桥、斜拉桥等索结构体系,是人们看到很细的蜘蛛网丝跨越很大的跨度而产生的灵感。由此可以说,人类努力创造出的几乎每一种优秀桥梁建筑形态,其核心原理在大自然中早就普遍存在了,所以,只要人不断向大自然学习,就可以探索更新更合理的桥梁建筑的优美形态。

天然自在的意趣历来是为中国传统美学精神所推崇的,如中国的古典园林从来不会像西方园林般呈规整的几何式,它的曲折回环、曲径通幽,追求的是一种山林野趣,也就是"让自然事物保持自然的形状,力图模仿自由的大自然"。因此,桥梁建筑"师法自然",并不是一种刻意的布景式的营造,或者仅仅停留在技术层面,而是要把科学与艺术统一起来,并上升到美学、伦理的层面来进行深度思考。美国建筑学家麦克哈格在《设计结合自然》(天津大学出版社,2006年出版)中曾谈到:"我们需要一种对自然既非掠夺、又非过度保护的态度,一种对有限资源加以理性运用的态度"。而这种理性的态度,从美学上而言,就是一种人与自然亲和的、有节制、简单纯净的生活方式,也就是中国传统文化中天然自然的审美意趣。

桥梁建筑总体造型要根据"此时此地"的具体自然环境各种因素情况,来确立其美学风格,有时候气势恢宏、雄伟壮观并非适合所有的地域,在快速发展的城市中为了展现时代精神或许需要构建如此的审美意象,但在山区、小城镇,风景名胜区,天然拙朴、简洁素雅的桥梁建筑造型才更有审美意境。另外,桥梁建筑在尺度和体量的选择上要适可而止、合理搭配。现在的桥梁往往以巨大的体量和超人的尺度震撼人心,这是西方建筑美学崇尚单体造型的雕塑之美,这种审美形态可以展现桥梁的气势和力量感,观后使人激情澎湃、斗志昂扬。但中国传统的建筑美学却是讲究群体组合的结构之美,体量往往较小,尺度较为节制,所谓"自然而然",正是这样一种适合于人的尺度的和谐圆融之美。在这种审美形态下的桥梁景观,尽管不能瞬间使人情感升腾,但却在从整体到局部的巧妙组合中,犹如观赏一幅中国的手卷画,随着卷轴徐徐展开,景致也由远及近地在你面前慢慢凸显。远望桥梁的轮廓线条,起伏于自然山水间,一派辽远苍茫的意境;中观桥梁各要素的和谐统一,形态、功能、色彩之间的相得益彰;近观感受桥梁的材质和桥面处理,又给人局部的舒适亲切之感。在这近景远景的层叠变化中,桥梁建筑的优美景观就会宛自天成,饱含韵外之致,观者更是"思与境偕、神与物游",如此情景交融、一气流通中,真正实现了心灵与自然的合二为一。

5 桥梁建筑形式美规律

5.1 概述

建筑空间形态一般称为形体,当人接近一个卓越优秀的建筑物,会由于其结构形体这个可视载体的引发,形成一个从"视觉→感知→反映→判断→联想"的审美活动,使人产生良好的心理精神满足。人们把创造具有这种艺术感染力的建筑结构形体称为"建筑造型",把获得这种建筑造型的工作过程称为"建筑造型设计"。在建筑的形体创作和立面处理时,设计者需要对其各部分的形态、体量、尺度、立面的比例等进行推敲,对建筑主楼和裙楼的空间构图进行均衡,对其材料、色彩、虚实的对比关系进行处理,不断寻求最佳的建筑形式美效果。因此,"建筑的形式美规律"是建筑设计师所必须要遵循的基本美学原则。

建筑艺术的"建筑形式美规律",有人将其归纳为建筑艺术"四大美学法则"之一的"视觉法则",也有人称其为"建筑技术美法则"。这里,可以理解为"狭义建筑艺术"。美国现代建筑学家托伯特·哈姆林提出了现代建筑技术美的十大法则,即统一、均衡、比例、尺度、韵律、布局中的序列、规则的和不规则的序列设计、性格、风格、色彩等,较全面地概括了建筑技术美学的基本内容。

桥梁建筑作为人类建造的结构物,不仅具有交通功能,而且能满足人的相关心理精神需求,同时也是生活环境中使人印象深刻的标志性建筑,常常成为人的审美对象和社会文化遗产。对桥梁建筑造型的美学要求,首先表现为桥梁建筑与周围环境的统一和谐,然后才是桥梁结构本身的协调与和谐,是桥梁建筑设计中必须考虑的主要因素。

现代的桥梁已不再纯粹是以满足其交通功能为目的,桥梁巨大的跨度、强烈的形体表现力、超凡的尺度都会对人类社会或自然景观产生巨大影响。桥梁建筑亦具有一般建筑物所特有的美学形态,需要遵循建筑形式美的一般原则规律,主要是多样与统一、主从与重点、对称与均衡、比例与尺度、稳定与动态、韵律与节奏等六方面的一般形式美法则规律,才能基本保证其自身的艺术造型,而直接体现桥梁结构自身的美学效应,影响人类社会的思想和生产活动不断进步。

5.2 多样与统一规律

最伟大的艺术,是把最繁杂的多样变成最高度的统一。一切优秀的建筑必须体现平面、立面、剖面的统一这个原则。多样统一堪称之为形式美的规律,其他原则如对比、韵律、比例、尺度、均衡等则是多样统一规律在某一方面的体现。

协调与统一,主要指两方面:

(1)桥梁结构物与桥位处的自然景观和附近的人工建筑物一起构成人们的生活空间,桥梁建筑造型要达到与周围环境协调统一。

(2)桥梁建筑本身具有若干的组成部分,其各自的功能和造型不同,这种差别与变化,必须在和谐和秩序中得到有机的统一,否则不是呆板单调,便是杂乱无章的,不能唤起人们的美感。

首先,必须有机协调统一桥梁建筑自身若干的组成部分。桥梁建筑本身一般由上部构造、下部构造及附属设施等若干不同的部分组成,其各自功能和造型亦不相同,这种差异和变化,必然在和谐与秩序的要求中得到整体性的有机统一,否则就会造成比较呆板单调或者杂乱无章的建筑形象,不能唤起人们愉悦良好的美感。

桥梁建筑造型的统一完整,尤其要注意其各结构部分的协调统一。一般来说,要尽量避免不同结构体系的混杂使用,主桥和引桥一般应采用相一致或相近的结构体系,下部构造的桥墩造型也要力求简单划一,以免显得杂乱无章。

其次,桥梁与桥位处的自然景观和附近的人工建筑物一起,都处在人们的生活空间中,因此要求桥梁建筑造型要达到与周围自然环境的协调,但桥梁建筑中的环境设计不是装饰自然,而是希望桥梁建筑与周围自然景色一起共同发挥作用,一般采用以下几种手法:一是隐蔽法,即尽可能做到藏桥于景中,主要用于山区或风景区的小跨径桥梁;二是融合法,即是使桥梁建筑成为构成新环境的一个要素,并融入周围总体景观和自然环境的画面中;三是强调法,即是一种突出桥梁建筑使其成为景观主体的手法，一些城市跨越江河的大桥或特大桥往往属于此类。

5.3　主从与重点规律

主从与重点：在有若干要素组成的整体中，每个要素在整体中都占有一定的比重和地位，倘若所有要素都要竞相突出自己或主次不分处于同等重要的地位，就会削弱整体的完整统一性。

在建筑的审美构图中，利用主从关系的对应来区别并强调其整体或部位的重要性。建筑创作实践体现主从关系的方式是多种多样的，可以采用对称构图，突出中央主体部分；而现代非对称布局的建筑则是利用形象上的对比来突出重点。

桥梁建筑从功能特点考虑有主体建筑和附属设施之分；从结构受力体系来说，有主要受力构件和次要受力构件之分；而主桥与引桥，主孔、中孔与边孔，以及主体建筑与附属设施等都存在主从差异性关系，而这种差异与对立性，又使桥梁建筑形成一个完整协调的有机整体。

桥梁建筑的主从关系，首先要从布孔上考虑。如果一座桥梁有主孔、中孔与边孔之分，则主孔不仅跨径比较大，梁高和高程要比较大，而且有时常常为了适应大跨而采用不同的主桥结构形式，突出了主桥的位置和造型，使其视觉重点突出，引人注意，从而获得主从关系分明的效果。例如，斜拉桥、悬索桥的结构形态就显得十分简洁，主塔将竖向及斜向心理引诱线引向塔顶，形成人们瞩目的重要部位，突出了高耸挺拔气势夺人的主塔作为主体建筑的主导地位，配以轻柔的主缆、吊杆和斜拉索、无限延伸的水平加劲梁，视觉上主次分明，构成了这两种索结构桥型所独有的形态和美感。

5.4　稳定与动势规律

"稳定"是与结构受力有联系的审美概念，是建筑保持其原形状和位置的能力体现，着重于建筑上和下，大与小所呈现的视觉感受的轻重关系；而"动势"则是指桥梁建筑独有的动态视觉感受特点。

桥梁建筑功能要求决定了桥梁造型具有稳定感和动势感。安全稳定是桥梁建筑基本的使用要求，简洁的承载和传力结构形成一个紧凑严密、蕴藏着巨大力量的构筑物。桥梁本身的组成结构处于平衡状态，各部分在实现功能作用方面显示出平静、自信、坚固的形象，给人一种坚定，不可撼动稳定感。动感是指桥梁建筑形象感受与人相对距离不同产生很大的不同，按距离不同分为远景、中景、近景和触摸景，人们在距离桥梁远近不同看到桥梁建筑形象不同。

安全稳定是对桥梁建筑最基本的使用要求，即桥梁建筑必须给人以稳定可靠的感觉。即使在力学上是充分安全合理，但如果在感官上给使用者以不安全的感觉，就不可能让人感受到其造型之美。所以，只有使人在直观上能感受到桥梁的强度和稳定性时，形式美和功能美才得以在人的心理上产生统一。

桥梁是一个承重结构，人们首要的心理活动是通过视觉看出它是如何承受荷载的，荷载是如何传递的。简洁的承载和传力结构，会形成一个紧凑严密、蕴藏着巨大力量的结构物。任何一座设计合理、造型优美的桥梁都会显示出安静、自信、坚固的形象，给人一种坚定、不可动摇的稳定感。同时要注意的是，人们观赏桥梁建筑也是多视角的，在桥上高速行驶的车或移动的人，由于视点的快速移动和变化，使人观看到的实际桥梁建筑形象有规律的变化仿佛是桥梁在运动，会给人一种动感；当人们在桥外沿着桥梁水平方向目视多跨桥梁，因为其跨越方向的延伸长度要比宽度和高度大得多，自然就会感到桥梁结构上的强烈运动延伸的动势；而拱桥外形在纵向与竖向的起伏变化，以及弯桥在水平面的蜿蜒变化等，也会给人以比较深刻的动态感受。这也是桥梁建筑的一个特点，因为人能够感受到它特有的动势美感。

5.5 韵律与节奏规律

韵律与节奏韵律是物体形状的各要素或渐变所形成的一种状态。这是有规律的变化和有秩序的重复所形成的节奏，能产生以条理性、重复性、连续性为特征的韵律感，给人以美的感受。韵律是一种重要的造型手法，桥梁建筑运用韵律非常普遍。韵律美按其形式特点有四种类型：一种是连续的韵律，是一部分重复连续出现构成整体，由于人们的视觉不同，这种重复连续韵律可以产生一定的动感；另一种是变韵律，连续部分按一定的秩序变化，例如逐渐加长或缩短，变宽或变窄，变密或变疏等。这两种韵律在桥梁建筑中运用较多。另外两种运用减少，它们是起伏的韵律和交错韵律。

韵律与节奏是重要的造型手法。设计者可以将桥梁构成一个系统的整体，通过有规律的重复或有秩序的变化形成韵律和节奏，激发人们的美感。几乎所有的桥梁结构都具有韵律和节奏的因素。从栏杆设计到灯柱的布置，从结构细部到分孔规律，一般都蕴涵着韵律和节奏的效果。

桥梁建筑韵律形式主要有连续韵律和渐变韵律。连续韵律为桥梁建筑部分重复连续出现。例如等跨的连续拱桥，由于其曲线的造型呈动态的趋势、虚实的交替，可以形成强烈的韵律感；渐变韵律则是连续的部分按一定的秩序变化，逐渐加长或缩短，变宽或变窄，变密或变疏等。大跨拱桥上腹拱的变化就是一种渐变韵律，多孔拱桥的重复又形成连续的韵律，形成一种韵律美。某些多跨桥梁，各孔跨径和桥下净高以中孔最大，向两边逐渐变小，形成规律性变化，通过渐变韵律的美学表现，达到赏心悦目的效果。

随着现代的生活水平提高，人们不仅仅只满足于单一的实际问题的解决，更希望在解决实际问题的同时，增加一些充实的色彩。一些土木工程中的结构物，每天都出现在人们的视野中，它的造型优美程度不仅体现设计人员的审美情趣，更能体现一个地区的人文表现。因此，无论是设计人员、施工人员，还是政府官员，把好这一关是很有意义的。

5.6 对称与均衡规律

对称与均衡是造型美的基本法则之一。对称是同形同量的对称组合，对称的造型统一感好，规律性强，使人产生庄严整齐的美感。均衡则是在非对称的构图中，以不等的距离形成力量（体量）的平衡感。均衡具有变化美，结构特点生动活泼，有动感。

对称是指以某一线为中轴线,左右、前后或上下两侧的建筑同形同量。对称桥梁建筑造型是最常见的表现形式,以桥梁中线为对称轴,桥梁结构对称,孔数相同,跨径及结构尺度均对称。对称的造型统一感较好,规律性强,容易使人产生庄严、整齐的美感。同时也能照顾到简化施工、降低造价的要求。

均衡则是在非对称的构图中,以不等的距离形成力量(体量)的平衡感,着重于建筑左右或前后以及周围相邻环境间对视觉感受的轻重关系。均衡具有变化的美,其结构特点是生动活泼,有动感。有些桥梁受地形、河流主航道、主河槽的影响采用不了对称布置,形成布孔不对称或结构形式不对称的情况。对于布孔的不对称情况,为了达到造型上的均衡性,可采用斜塔、疏密与长度不等的拉索和大小相差悬殊的跨径来调整布孔上的不对称进而达到均衡的目的,从而使桥梁从构造、功能和景观上得到协调一致的处理。结构的非对称造型处理得当,有时也会产生令人心动的满意效果。

5.7 比例与尺度规律

比例是表现桥梁建筑物各部分数量关系之比是相对的,不涉及具体尺寸。比例与尺度在桥梁建筑设计中有三方面的内容:一是桥梁结构各部分本身的三维尺寸的关系;二是桥梁结构整体与局部或局部与局部之间的三维尺寸的关系;三是桥梁结构实体部分与空间部分的比例关系,也称为虚实比例关系;另外还有凸出部分与凹进部分,高起部分与低落部分的比例关系等。

桥梁建筑中各部分尺寸比,主要服从于结构刚度、变形和经济的要求,但需使人们从视觉上获得协调、匀称及满意的感受。主梁实体部分与桥下空间部分的比例关系是虚实比例关系,在桥下净空或桥面高程要求固定的情况下,可通过调节跨径,进而增大或减小梁高,使桥梁的虚实透视存在一个最佳的比例。

与比例不同,尺度涉及真实尺寸的大小,但是一般又不是指要素真实尺寸的大小,而是指建筑要素给人感觉上的大小印象和实际大小之间的关系,即建筑的整体与局部,与人的生理、心理或人所司空见惯的某些特定标准之间的大小关系。如果两者一致,则建筑形象正确地反映了建筑物的真实大小;如果不一致,则表明建筑形象歪曲了建筑物的真实大小,通常称为建筑物失掉了应有的尺度感。

比例和尺度是密切相关的建筑造型特征,如果一座桥梁某些部位的尺度不当或比例失调,都会影响它的整体形象。只有桥梁建筑的各部分的比例和尺度达到匀称和协调,才能构成桥梁建筑的优美形象。

总体而言,目前桥梁工程界的主流观点认为,一座符合结构"基本原则"(指可安全满足功能要求)、精心设计的桥梁,无须额外的装饰,通常就会产生一个优雅美观而有吸引力的结构。一些著名的桥梁美学专家,都对如何创造出这样的结构提出过原则性建议,包括合理结构体系的选择、桥梁与场地环境的关系、力线的展现、轻盈柔细感的表达、桥下空间的通透感、构件类型数量的控制及光影的利用等。

近年来,针对数量巨大的中小跨梁桥,美国、澳大利亚等国提出了美学处理的设计指南或手册,总结了影响桥梁外观的十个决定因素:桥梁总体布置,上部结构类型,桥墩/支座的分跨/布置,桥台布置,上部结构造型,桥墩造型,桥台造型,色彩,质地,装饰与细节以及照明、标志和景观。这些指南或手册可指导工程师通过对荷载、平衡和力的视觉表达,使桥梁呈现出高效、经济和优雅美观的特征。

一个好的桥梁建筑,除了具有其他一般建筑的征服和改造大自然成就感,以及实现使用价值的美感外,还具有自身比较特殊的其他美学特征,如:

(1)通达之美:桥梁使人车由此岸到达彼岸,使道路通达,即实现它的功能美——通达之美,满足人能够到达彼岸的心理期望。

(2)凌空之美:桥梁建筑是一种跨越结构,其腾空飞架的探索行为,让人感受到了凌空之美。桥梁建筑较路基路段有着强烈的通透感,对自然的影响较小。

(3)刚柔之美:桥梁建筑为一带状结构,长大桥中平、纵曲线的设置,使桥面看上去连续流畅,纤细轻快。梁、拱之纤细,显得亲切和婉约;墩、塔之雄壮,显得庄严和高昂;斜拉索显示出力感、动感和方向感;悬索桥之主缆起伏飘动、流畅、大张力感,使得桥梁建筑结构兼顾了刚柔之美。

(4)通视之美:由于桥梁建筑结构形式外露,使人们很容易由其外观看到结构力的传递,使人获得安全、和谐、力线明确的感受,给人以信赖、快慰和满足,这便是桥梁建筑的造型美、安全美和成就美的有力体现。

总体而言,尽管已存在桥梁美学设计的原则和指南,但与目前建筑美学的内容对比,可以看出:目前的桥梁美学设计,主要以西方古典建筑美学的形式美法则为基础,并且明显受到功能主义和技术美学的影响。另外,桥梁美学并没有形成不同的风格或流派,这大概是因为桥梁功能的相对单一、构造形式的多样性相对不足所致,亟须建筑界、桥梁工程界积极探索研究。

6 桥梁建筑构思

6.1 桥梁建筑构思引导原则

建筑兼有实用和美观的双重功效。但这种双重性的表现一般总是不平衡的,例如:为生产服务的工业建筑,它的使用功能和生产效率是首要的,艺术处理是次要的;为政治经济文化等活动服务的建筑,它们的艺术处理就居于比较重要的地位;而纪念性建筑、雕塑等,其艺术性要求则处于主要地位。

而作为不同于其他一般建筑的桥梁建筑,技术要求比艺术重要一些,但是技术和艺术能够做到二者兼顾时则为最好的选择。桥梁建筑的基本要素也是空间和实体,只是桥梁建筑的空间是由墩台、桥跨结构分割成若干块,其内部空间和外部体型互相依存,不可分割。桥梁建筑构思,除了要遵循常规的建筑形式美规律和法则以外,还必须要追求空间和艺术的表现力,并综合考虑以下原则:

(1)桥梁建筑的性格取决于它的性质和内容,它的功能要求在很大程度上决定了它外形的基本特征,即功能决定结构,桥梁的建筑造型要有意识地表现出其功能所决定的外部特征。

(2)桥梁建筑完美的造型首先在于均衡稳定的结构、良好的比例和合适的体量。

(3)处理好桥梁建筑与人的关系问题,要充分认识到桥梁建筑为人所需、为人所造、为人所用、为人所鉴。

(4)处理好桥梁建筑与社会的关系问题,要充分认识到桥梁建筑有必要反映当地的历史、文化、生产等社会生活,并具备反映社会意识形态,反映时代精神的社会责任和历史担当。

(5)必须处理好桥梁建筑与自然的关系问题,要认识到桥梁建筑也是环境的一部分。既要利用自然环境,也要保护自然环境,更高境界是能够创造出令人心情愉悦的"人工环境"。

另外，在桥梁建筑构思过程中应该注意到各种制约因素的关系与联系，尽量综合系统分析，寻求最佳的桥梁建筑方案。既要注重总体，又要注意细部；既要注意现在，又要考虑未来；既要处理好核心问题，又要照顾到次要问题；既要理解结构的内部关系，又要妥善处理与周边环境的相互作用；既要考虑到设计的合理可行性，又要考虑到施工的可行性；既要考虑到建筑的技术性、艺术性，又要考虑到其功能的有效实现；既要经济适用，又要安全耐久使用。

"桥梁建筑构思"是一个合格桥梁建筑师的主要工作内容，正是由于这项工作的复杂性和创造性，往往难以得到最优的创作成果，但是最终实施的建设方案应该做到力求在比较合理的范围内。

6.2 桥梁建筑构思的产生与途径

创作一件好的建筑作品历来是一项极富挑战性工作，它似乎有着不可思议的神秘性，"只可意会，不可言传"。这意味着建筑作品的创新和创作，仿佛是与理性分析和逻辑思维没有关系的一门学问，但实际上并非如此，建筑创作也不是完全脱离实际的东西，或凭空突然间灵感迸发而创造出来的，只是"建筑设计过程是如此神秘，很少有人有足够的勇气与智慧去总结它"（美国著名建筑师爱德华·艾伦）而已。

一个好的建筑创作构思，基本上是源于对设计对象的社会、历史、文化等实际背景，对场地精神、环境要素以及对所有可能形式的严密与深刻的认识，这些都可能随时激发出建筑师的创作灵感。一个令人耳目一新的观点或一件小小的偶然事件……所有这些因素都会有助于形成我们的建筑构思——一个特定的设计理念，即设计的想法。实际上，它也是设计者进入角色以后，全身心地投入，冥思苦想的结果。建筑师真正赖以立足的创意、审美、空间感、建筑理念和抽象的判断是难以模仿和复制的，在整个创作过程中，会得到淋漓尽致的联想和发挥。建筑构思究竟如何产生和形成，一般是很难说清楚的，但是人们在学习、分析大量优秀建筑师的作品后，总结了一些建筑构思产生的途径或线索，如主题构思、环境构思、功能构思、技术构思、仿生构思、空间构思、地缘文脉构思、模仿构思等，值得我们参考借鉴，大力学习，并进行进一步的研究和探讨。

6.2.1 主题构思

桥梁建筑创作就如同写文章一样，首先要进行主题构思。无论对事与物，必须先对它的主题进行深度思考，以寻求正确的认识和深刻的理解。设计理念是由主题而生，又随主题而来的，没有主题作为思考的对象，建筑创作就会失去灵魂。这就需要桥梁建筑师们不断深入调查认知、深刻思考、积累知识、发散思维、丰富联想，再加上充分发挥自身的深厚功底，通过勤奋努力工作来予以实现。

设计主题是桥梁建筑构思的中心思想和灵魂，好的主题不仅能够快速抓住人们的眼球，还能赋予整个桥梁建筑更多的内涵意义。设计主题可以是突出文化色彩的当地历史、宗教、民族、哲学、地缘文脉等元素，也可以表达时代精神、社会生活主旋律等内容的精神特质。中华大地上下五千年的辉煌历史，给我们留下了无比灿烂的文化和底蕴，提供了大量可供主题构思的素材，需要我们积极去研究和探索，努力创作桥梁建筑精品工程，积极为社会向前发展不断贡献能够沟通世界的物质文明和精神文明。

6.2.2 环境构思

桥梁建筑构思时要考虑的因素是多方面的，包括桥梁内在的功能要求及场地条件，周围环境等外界因素，它们都有可能引发出某种激动人心的方案构思。外界因素范围很广，包括气候、日照、湿度、风向、航道、水文、方位，直到场地的地形、地貌、地质、地震、植被以及周围的道路交通、建筑、环境等。桥梁建筑构思过程中，必须考虑桥梁建筑的造型、尺度和比例、体量、材料、色彩等均应与周围环境相互协调，并尽量降低对自然环境的破坏。这在创作之初的立意阶段特别重要，要把客观存在的"境"与主观构思中的"意"融合起来，一方面要分析环境对桥梁建筑可能产生的影响，另一方面也要分析构思中的桥梁建筑对自然环境带来的影响，对区域环境景观进行综合构思，可以将构思中的桥梁建筑融入周边环境之中，也可以考虑利用桥梁建筑本身特征来自成一景，使桥梁建筑成为当地标志性建筑。

6.2.3 功能构思

桥梁建筑是一种具有承载能力的架空建筑物,主要作用是供铁路(各类火车)、公路(各类车辆)、渠道、管线和人群跨越江河湖海、山谷或其他障碍,是地面交通线的重要组成部分。其中水上桥可以直接跨越水面,使人、车等直接通过桥面过河,不用使用轮渡,省时省力。跨线桥可以跨越公路、铁路等,过往车辆可以互不影响。高架桥一般是在原有道路上再架出一条路出来,有利于缓解交通压力,很多都是在既有道路中间或在路边上设置立柱来架设桥梁,当然也有的高架桥是修建在不宜设置路基路段的地方(比如软土地基路段、填方高度超越极限的路段)。而立交桥则可以解决平面交通很难解决的相互影响问题。总体上讲,桥梁建筑的实用功能就是跨越自然屏障,减少交通中的相互影响,节约土地。

桥梁建筑构思除了考虑必须完美实现其使用功能外,还要考虑发挥桥梁自身特性对人们精神生活的积极影响。因为"桥梁是一种自古以来有之而又特殊的建筑物"(茅以升语),人们对桥梁的情感寄托也是其他建筑不可比拟的。它是沟通两个原本隔绝的空间的建筑物,代表着力量、跨越与征服。中国古代许多民间神话传说,如银河鹊桥、西湖断桥等这些人定胜天、悲欢离合的场景,无不恰好地应和了桥梁连接原本隔绝空间的自身特性。好的构思方案,是桥梁建筑可以通过自身特性和一些细节如桥头堡、栏杆、索塔、观景台等来表达某种意境,如使用的安全感、视觉的愉悦感、熟悉的归属感、建设的成就感等。

6.2.4 技术构思

技术因素在桥梁建筑构思中占有比较重要的地位,尤其是桥梁结构因素。技术知识可以作为支撑系统,帮助我们形成良好的设计理念,它有时甚至能够激发桥梁建筑师的创作灵感,成为方案构思的出发点。一旦桥梁结构的形式成为其建筑造型的重点时,桥梁结构的概念就超越了它自身价值,我们就有了塑造结构的机会和空间。

桥梁结构构思的意思,就是直接从桥梁结构体系本身入手,进行桥梁概念设计的构思。它关系到桥梁结构的造型,桥梁的施工方式,以及建造技术、装备和材料等因素。结构形式是桥梁建筑的支撑体系,从结构形式的选择引导出来的设计理念,能充分表现出其技术特征,可以充分发挥结构形式与建筑材料本身的美学价值,例如我们可以利用钢材、混凝土可塑性的特点,来展现所期望的比较清晰、欢快的桥梁建筑实体造型,能够充分展现出结构力学的美。这一方面需要桥梁建筑师通晓相关的技术知识,才能够按照技术的原理进行方案构思;另一方面也需要技术工程师的支撑,方能把桥梁建筑师的独特构想变成现实。因此,桥梁建筑师和工程师的合作,是创造美好作品不可或缺的条件。本书图2-2-40所示的"空腹式连续刚构桥",以及同样适用于高山峡谷地形的"中承式悬索桥"方案(图6-2-1),就是两个比较典型的技术构思案例。

图 6-2-1　中承式悬索桥

6.2.5　仿生构思

仿生学作为一门独立的学科诞生于1960年,是一门研究生命系统功能的科学,模仿生物来设计人造技术系统,是具有类似于生物特征的学科。确切地说,它是研究生命系统的结构、特点、功能、能量转换、信息控制等各种优异的特征,并把它们应用于人造技术系统,改善已有的工程技术设备,并创造出新的工艺过程、建筑造型、自动化装置等技术系统的一门综合性学科。

自然界的所有生物,出自其生存的本能需要,无不力图使自己去努力适应生存环境,而外在环境因素则以某种方式作用于生物,彼此相互选择,是亿万年物竞天择的造化结果。各种生物的高效、低耗和生态的生存方式和方法,永远是值得去人类追求和模仿的目标。例如:鸟类和鱼类的效率是人造飞机、潜艇无法比拟的;信天翁能够不间断地飞行15000km,其能量利用效率之高也是任何人造飞行器所远远不及;人的心脏能够连续跳动25亿~45亿次,既不疲劳也不产生差错,这也是目前人类还无法造出来的。它们都是大自然不断进化、优化的精品,也成为激发人类灵感和创造力的"原型"和动力。

桥梁建筑构思也应该向生物(动、植物总和)学习模仿,学习其形式与功能的和谐统一,学习它们与自然环境的极强适应性。生物不断进化出了"生命力原理"——以最少的材料、最合理的结构形式取得最卓越的效果,例如:鸡蛋表面积小,但容积最大化,蛋壳很薄(厚跨比1:120),却具有很高的承载力;竹子细而高,具有弹性的弯曲,可抵抗巨大的风力和地震力;蜘蛛丝直径不到几微米,抗拉强度却相对大得惊人。所有生物的形态和结构都是大自然演化而成的,从仿生学的角度去研究和发展新的桥梁建筑形态、新的结构形式和体系,是一种极其合理和简捷的方式和方法,也为桥梁建筑构思开辟了一条可行的新的创作途径。

在现代社会,仿生建筑学也逐渐地兴起并迅速地成长起来,其不仅可以通过模仿生物组织形态和结构特点来不断创造、设计出新型的桥梁结构、形体,同时也可以借鉴生物特性来改善建造材料的功能、形式及结构,进而完善桥梁的功能,增强桥梁的寿命。可以说,在现代桥梁的设计和建造中,仿生学的研究和应用都显示了强大的生命力和创造力,这个课题也是当前建筑学的研究热点。

形态仿生是最直观和最容易理解的仿生学应用,通过对自然界中生命现象和生物特征的描绘和衍生,利用建筑美学的艺术表达来创设建筑形态,从而表现出具有生物形态象征的仿生学建筑构造。仿生学应用于桥梁建筑中不仅基于生物系统的结构和动作原理的模仿,而且旨在总结生物形态的自然规律,进而在桥梁形态仿生设计中寻找科学原理和艺术美感。从自然界中的动态或静态现象来激发灵感,创造出富有新颖造型、特色外表的桥梁构造,是仿生学在桥梁设计中最普遍的应用。仿生学发展到今天,已经从单纯的模仿上升为艺术再创造的形态仿生应用。

生物体都是由各自的形态和功能相结合而成为具有生命的有机体。生物体的各种器官不仅要进行生命活动需要的新陈代谢作用,还要承受外界和自身内部的水平荷载和垂直荷载。哺乳动物通过骨骼系统承受自身重量和外界其他作用力,而植物则通过自身的枝、干、根来抵抗水平和垂直作用的各种荷载。桥梁建筑功能上的仿生也要遵循生物学的规律,包括生物的新陈代谢及对自然界环境的适应特征等,从生命体的生命周期思维入手,建立起全寿命的桥梁建筑思想,从而创作设计出拥有类似生物体结构体系的桥梁建筑,并能够使桥梁具备可修性、可控性、可检性和可持续性发展等特质。

中国古代先贤历来提倡"道法自然",桥梁建筑创作也要遵循大自然的启示,而不是简单地模仿自然,更不是破坏自然,而应该逐步回归自然。21世纪,桥梁建筑师们更应该去追求返璞归真和相对个性的自律,提倡仿生设计,创造出崭新的仿生结构形态和结构体系,使设计真正回归自然。

6.2.6 空间构思

空间构思首先是概念构思。构思方案必须富有挑战性,能激起反响,能够为多元的诠释留有空间,而不要像某些设计者把设计方案说成像什么像什么的,那是只有他知道的而别人根本看出来的某种具象形式。不能只停留在平面形式或立面造型,重要的是着眼于桥梁建筑内外部空间的创造,包括立面的构思。

空间概念是从三维的角度来表达一种思想的方式,它表达得越明确,桥梁建筑师的设计理念就显得越有说服力。所有桥梁建筑创作一般会受到特定的各种建设条件的制约,制约因素的影响必然促成出相应的设计理念,并最终转化为空间——概念的空间,使空间构思成为每个桥梁建筑创作不可或缺的核心。不同的桥梁建筑建于不同的地段,有哪些有利因素?又有哪些不利因素?在这个地段乃整个城市中它将扮演什么角色?需要表达什么样的理念?要解决什么样的问题?需要达到什么样的理想效果……设计创作首先必须考虑这些实际需求问题,但是设计理念和空间构思方案也不是简单地由这些需求而推断出来的,不应只是要求其形式追求功能那么简单,它取决于桥梁建筑师是如何理解和诠释建设条件和环境因素,必须使自己的思维置于整个社会环境和自然环境之中,要跳出狭义的桥梁建筑本身范围,去认真进行桥梁建筑的空间构思。真正的"空间发现"通常受到更广泛的社会层面以及文化变迁的影响激发而成,而这种变迁往往应该是由社会人类活动或者经济发展的力量而引起。

在桥梁建筑空间构思中,要争取把社交空间作为一个基本的、共同的和永恒的设计主题。社交空间的创造要求我们在规划设计中有意识、有目的地赋予某些特定的桥梁内部空间或外部空间以社交空间的品质,即创造或提供一个能够吸引人们正式或非正式交流,即长时间或短时间停留、交谈、相识的空间场所。

创意案例:杭州某桥项目位于现状550m宽的河道上,由于城市规划的需要,其路网在河道位置上位于半径为500m的城市主干道上。项目平面布置如图6-2-2所示。

图 6-2-2　某桥项目平面布置图

根据项目实际情况及其特殊性,并为了在现状河道北侧的地块开发及打造新城标志性建筑,下部结构设计为采用经济性强的连续梁桥方案,主要景观效果采用上部构造物来体现。桥梁横断面如图6-2-3所示。

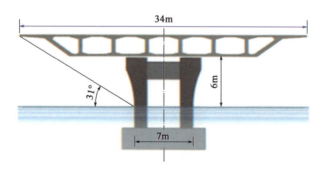

图 6-2-3　桥梁横断面

桥面宽度34m,桥墩可以设置为8m宽度以内。桥梁底面高出水面在5、6m,在桥墩较为靠近中间时,处于桥面的阴影下显得并不明显,且由于本工程场地地质较好,桥下又无通航要求,可以采用经济性更强的较小跨径的连续梁桥梁。设计方案采用35m等截面展翼连续箱梁桥来实现景观意图。

其中的方案四"指中明珠"比较新颖,如图6-2-4所示,是一个典型的空间构思方案:桥体部分由一个椭圆形多功能空间作为主体部分,通过4个自动扶梯实现上下交通的连通,通过3个不同层次的平台来实现功能的立体化,360°的观景平台满足了在河道上全方位观景的需求,并且使得桥体功能更加复合化,借助多平台的叠加,使得桥在实现交通功能的同时,增加了更多的功能空间,进一步提升桥体的功能复合化。顶部空间作为桥体综合活动空间,可以划分为多种功能空间,集休闲、餐饮、活动于一体,同时提供360°观景空间,作为支撑平台的构筑体,同时承担了上下活动的交通功能,底部活动平台,满足游客的临时停留以及观景需求。

图 6-2-4　方案四"指中明珠"

6.2.7　地缘文脉构思

桥梁建筑一般都建于特定的地点,在进行创作构思时,必须先去了解它的区位,分析它的地缘环境,充分挖掘出建设地区的地缘历史和文化、人文资源与自然资源,并根据这些人文资源和自然资源的特征内涵进行综合创作构思。特别是一些历史文化名城、名镇、名人旅游资源丰富的风景区、旅游地等,它们都具有能够激发桥梁建筑师进行地缘(文脉)构思的广阔空间,是很多著名建筑师曾走过的创作之路。

6.2.8　模仿构思

模仿是一种学习,模仿也是一种创造。广大初学者模仿成功者的桥梁建筑精品工程,是一种对伟大桥梁建筑大师的尊重和崇拜,也是一般桥梁建筑师常用的方式办法。

6 桥梁建筑构思

6.3 桥梁建筑构思过程

6.3.1 桥梁建筑的社会效应

桥梁建筑在塑造自然环境和社会人文风格中越来越扮演着重要角色，它对所在地区的自然环境、人文景观、历史及文化等，都会产生一定的桥梁美学效应，从而充分发挥出积极的社会影响力，为人类社会文明带来进步。事实上，不少优秀的大型桥梁作品案例，已经成为许多城市和跨河景点的主要标志性的地标建筑。例如每当人们说起旧金山时，金门大桥就会首先浮入脑海；每当我们想到武汉时，心中一定会涌现"一桥飞架南北，天堑变通途"的豪迈情怀，眼前会呈现出万里长江第一桥——武汉长江大桥的雄姿。当然，规模较小的桥梁也可以产生视觉冲击力极强的美学效应，如图 6-3-1 所示，同样不可忽视。设计建设优秀桥梁建筑工程，已经越来越成为整个社会和桥梁工程界共同追求的价值目标。

图 6-3-1　某桥梁视觉图

6.3.2 桥梁建筑设计要素

在桥梁建筑构思过程中，设计者除了要仔细认真设计其合理的结构体系和几何尺寸等基本要素外，还必须考虑其他设计要素，应极力塑造其优美的造型，使其除了能够发挥出沟通东西、连接南北的交通枢纽作用外，还能使人们能够获

桥梁建筑概论

得"使用的安全感、视觉的愉悦感、熟悉的归属感、建设的成就感"等桥梁美学价值。一般来说,人们主要都是从两个角度欣赏桥梁。当在桥面行驶时,驾驶员可看到桥面、护栏及两侧风景,如图 6-3-2 所示;如果从桥侧观察,可看到桥侧及桥下的土地、水体等,如图 6-3-3 所示。因此,桥梁设计人员必须从桥面和桥侧这两个角度来综合考虑桥梁建筑造型的美学处理。

图 6-3-2　桥面视图

图 6-3-3　桥侧视图

桥面设计时考虑的主要元素包括行车道宽度、路肩宽度,以及行人及非机动车的使用问题等,除此之外,还包括护栏、照明设施及其他的一些细节设计。桥侧设计考虑的主要元素包括桥墩、桥台、翼墙等,此外,从桥侧也可以看到桥梁护栏及用于桥顶的其他设施,桥梁护栏及桥顶其他设施的设计同样影响桥侧设计的视觉效果。

6.3.3 桥梁建筑设计准备资料

在桥梁建筑构思创作和设计工作开始前,需要专门收集大量的设计基础性资料:

(1)桥梁技术标准:要求的桥梁宽度、车道宽度、中间带宽度、人行道宽度、荷载标准等;调查是否设置过河的各类管道管线等特殊荷载。

(2)桥位平面图:在图中应标明需要跨越的所有障碍,如河流、道路、峡谷等,以及最新确定的路线设计线形。大型江河湖海建设区域还必须测量水下地形图。

(3)沿着规划桥位轴线的地面纵断面与净空条件,或要求的行洪宽度、航道条件(包括船撞力等)、水利条件,以及路线的纵面线形等。

(4)桥位地质条件:地质勘探结果和地质分布及土壤力学数据的勘察报告,以及地震资料(包括断裂段、地震动峰值加速度、地震场地安全评价)等。基础工程的困难程度对于结构体系的选择和经济跨径的选择有相当重要的影响。

(5)气象水文条件:气候和环境条件,洪水、高低潮位,枯水期,湿度、温度变化范围,冰冻期、冻土类型及深度等。

(6)施工设备、材料和结构构件的运输进场条件,以及在本地区有何可供利用且经济的材料必须调查清楚。

(7)环境条件:周围的地形是平原还是山地,是空旷地还是建筑物密集地区,建筑物是老式小房还是高层建筑。环境情况对设计影响巨大,山地桥位区须查明是否存在泥石流、滑坡、坍塌、采空区等地质病害。

(8)调查拟建桥梁所在地区的地缘风俗、历史、文化和社会生产生活发展资料,并在桥梁建筑方案构思中充分利用发挥。

(9)环境对美学质量的需求:城镇中的桥梁影响城市环境,比修建在旷野中的桥梁需要更加精美的结构形式和更高的景观要求。

6.3.4 桥梁建筑设计创作

上小节所述的必须首先收集的基础资料,是一个桥梁建筑师进行方案构思

桥梁建筑概论

的设计基础,但并不足够,按照当代著名桥梁专家弗里茨·莱昂哈特(F·Leonhardt)在《桥梁建筑艺术与造型》(人民交通出版社,1988年出版)一书中的说法,桥梁建筑设计创作一般应按照以下几个步骤来进行:

(1)构思:在设计人员的构思中,必须有桥梁建筑的概念形式。为达到这一步,设计者在长期的学习过程中要有意识地观察和研究许多桥梁。他应该知道,什么时候采用梁桥是适宜的,什么时候采用拱桥是适宜的,以及索结构桥的使用范围等。地质条件对选择桥梁的跨径和结构体系有多大的影响。他们还需要知道,一般情况下桥梁跨径与主要构件尺寸的相互关系。

这就是说,为了设计一座适宜的桥,设计人员必须具备丰富的桥梁设计经验、理论知识及创作的激情,并能够运用得得心应手。在顺利的时候,灵感一动就会提供一个新的方案,它可能比已知的平常方案更好,人的直觉、创造力会产生发明。

桥梁建筑构思,除了要遵循常规的建筑形式美规律和法则以外,还必须要追求空间和艺术的表现力。要认识桥梁建筑的特点取决于它的性质和内容,它的功能要求在很大程度上决定了它外形的基本特征,即功能决定结构,其完美的造型首先在于均衡稳定的结构、良好的比例和合适的体量。

首先要处理好桥梁建筑与人的关系问题,还要处理好桥梁建筑与社会的关系问题,要充分认识到桥梁建筑有必要反映当地的历史、文化、生产等社会生活,并具备反映社会意识形态,反映时代精神的社会责任和历史担当。也必须处理好桥梁建筑与自然的关系问题,要认识到桥梁建筑也是环境的一部分。既要利用自然环境,也要保护自然环境,更高境界是能够创造出令人心情愉悦的"人工环境"。

另外,在桥梁建筑构思过程中应该注意到各种制约因素的关系与联系,尽量综合系统分析,应充分学习、分析那些优秀建筑师的构思途径和方法,积极采用诸如主题构思、环境构思、功能构思、技术构思、仿生构思、空间构思、地缘(文脉)构思、模仿构思等方式方法,探索研究并最终创作出比较优秀、比较合理的桥梁建筑方案。

(2)第一张草图:一旦设计构思在脑海里产生形状,就可画出第一张草图——在桥轴纵断面图上绘制出桥梁总体立面布置。设计人员最好具备素描技能,对于梁桥(最简单的形式),设计人员首先着手于可能的路线,斟酌合适的梁高;然后假定桥台和桥墩的位置,绘制主梁的底边线。如果因技术条件限制,或美观上的需要,可选择高阶的长细比;如果在方案比较中决定采用低造价时,可选择低阶的长细比。

第一张草图将要批判地考察和提出问题:其跨径与梁下净空高度的比例好吗?桥墩与周围环境的关系好吗?桥墩与桥台处的地质情况如何?竖曲线的曲率好吗?如果选择加腋梁的话,梁底的曲线与平面的曲率可能相配吗?

(3) 全面评判:绘制第二张草图,甚至第三张草图时,要包括上部结构的横断面和对桥墩的设想。桥墩的高度比例如何?是不是双柱或三柱更好?桥梁现在要按三维空间构思,把草图挂在齐眼睛高度的墙上,以便能从较远的距离和不同的角度(包括斜视)注视它;鼓励同行们提出意见和建议,同时考虑合适的施工方法。

如果这座桥在这些草图上总体布置看上去比较满意的话,那么应对各构件进行精细的设计比较。如选择适宜的主梁形式(板、T梁或箱梁),确定梁高与悬臂板宽度及饰带的高度等之间的最佳比例等。在这个阶段,使用以前设计人员那里取得的实际经验,假定桥面板、腹板和翼板的厚度。

现在,设计人员应暂时抛开上述这些初步成果,闭上眼睛好好冥思苦想一番,全面地斟酌、推敲,看看每一个要求是否都已得到满足,是否便于施工,有没有哪个比这个更好?然后,设计人员开始绘图,再听听同事们和美学顾问们的意见,还有社会上其他群体的意见。一个工程师抱有不切实际的奢望,将给这个世界增加一座设计蹩脚的桥梁,要积极寻求建筑师们的帮助。由此可见,设计理念及方案构思的重要性。

(4) 细化:对于桥梁设计来说,设计人员应进行多个其他不同跨径和结构体系的方案比较,以求得最佳方案。经过几次这样的改进,现在就可以将入选方案绘制清楚。到现在才应该开始计算。首先,粗略地验算所假定的尺寸是否满足,所需要的普通钢筋和预应力钢筋是否留有足够的位置,以便能毫不困难地进行施工操作。

然后,可用计算机程序做几轮计算,使用不同的尺寸或其他变量,以求得经济的尺寸。如果没有其他一些额外要求,这些尺寸就可以选定了。则可以绘制具有所有尺寸和说明的主要设计图。

(5)模型的作用:因为单有设计图不足以判断桥梁外貌及其对周围环境的影响,设计人员应该利用具有周围部分景观的照片,从不同的角度显示具有正确比例的桥梁效果图,特别重要的桥梁还应制作模型。这样的模型和效果图有助于对桥梁美学进行全面评价。

在数字和信息化技术相对发达的当今社会,采用虚拟现实(VR)技术已经可以在实景三维地模环境中,精准地模拟出桥梁建筑的全景实体和细部构造,可以全方位地观察其整体效果及细节,并动画演示,这无疑给桥梁建筑师的无限创作提供了极大的助力。

6.4 桥梁建筑构思案例

6.4.1 诸永高速公路温州段延伸工程——瓯江大桥设计方案

诸永高速公路温州段延伸工程是温州市外围高速公路与市区城市快速路相沟通的重要快速通道,兼具高速公路延伸线和城市过江通道两项功能,是即将形成贯通的温州市区南北向中轴线中的关键工程,是温州市对外交通的北大门。项目平面布置如图6-4-1所示。瓯江大桥是本项目重要的节点工程。

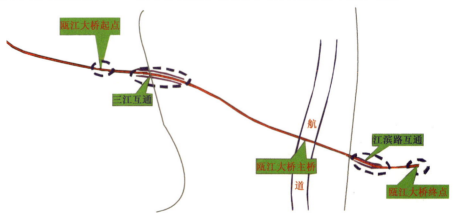

图6-4-1 项目平面布置图

6 桥梁建筑构思

瓯江大桥的主桥偏于温州市区一侧,穿过望江路滨江景观带,距规划建设的温州最高商务楼(中瑞大厦,高350m)较近,南岸高楼林立,桥梁的建设应注意与这些建筑的协调。桥位上游约3.5km处为温州著名景点江心屿,江心屿古航标双塔是世界古航标,为中国五大文物灯塔之一,如图6-4-2所示。其建筑形态应与温州山水相互衬托、相得益彰。桥梁北岸为温州今后将要重点打造的瓯北三江片区,引桥较长,南、北两侧引桥的设计均要重视景观,且与主桥协调。

图6-4-2 江心屿古航标双塔

方案一:瓯江玉带——提篮式拱桥方案(仿生构思)

本方案主桥跨径布置为(65+238+65)m,钢和混凝土的混合结构。主拱肋采用多次抛物线,矢高43.27m,矢跨比1/5.5。主墩与拱肋固结;边跨混凝土主梁与拱肋固结,中跨钢梁通过牛腿横梁支承于混凝土梁上,边墩顶设置竖向约束的盆式橡胶支座。

本方案主桥为三跨布置的提篮式拱桥方案(图6-4-3),灵感来自翱翔的江鸥,如图6-4-4所示,桥梁建筑造型独特优美,比例协调,具有强烈的现代感,命名为"瓯江玉带",寓意如下:

(1)整体上取字母"W"的形状为艺术造型,这是温州汉语拼音第一个字母。

(2)远远望去,它又像是一只巨大的海鸥,正在搏击风浪、飞向大海,寓意在温州经济蓬勃发展的大潮中,温州人勇于走出去,开拓市场的精神。

(3)大桥似长虹卧波,又宛如玉带飘舞在粼粼的瓯江之上,它是温州对外交通的枢纽,也是连接在外创业温州人的重要纽带,是连接望江路滨江景观与瓯北三江片规划景观的连廊。

图 6-4-3　瓯江玉带——提篮式拱桥方案图

图 6-4-4　提篮式拱桥方案构思草图

该方案主桥的大曲线造型生动,上部、下部、主跨和边跨连贯。由于桥面以上建筑高度较小,方案设计充分利用了桥面以下建筑空间,使桥面上、下呼应,增加了桥梁的整体气势,主拱造型起伏,线条流畅,吊杆和立柱排列整齐,节奏感强烈,与瓯江两岸的山势及江心屿形成呼应,十分和谐地融入温州"山水城市"的环境之中。

引桥为鱼腹式箱形断面,其两幅箱梁的断面组成"W"造型,桥墩为花瓶造型,线条流畅,造型优美,如图 6-4-5 所示,和主桥互相呼应,极具现代感。当游客在沿江景观平台上,仰视桥下,能给人以强烈的视觉冲击,是主桥景观的延伸。

6 桥梁建筑构思

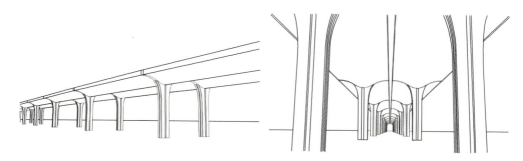

图 6-4-5　瓯江玉带——引桥方案图

方案二：温州之门——自锚式悬索桥方案（地缘文脉构思）

本方案为主桥跨径（84＋200＋100）m 三跨不对称布置的自锚式悬索桥方案，配合江心屿古航标双塔的景观建筑需要，南主塔采用门式结构，稳定性强，塔高较高，北主塔采用敞开式结构，稳定性稍弱，塔高稍低。根据两主塔高度不同，确定北边跨为 84m，南边跨为 100m，主缆垂跨比为 1/4.8，如图 6-4-6 和图 6-4-7 所示。桥梁建筑造型古朴、典雅，命名为"温州之门"。她是温州交通的北大门，是在外经商的温州人的家门，是预示温州美好未来的希望之门，也是展现温州魅力的城市之门。望江路滨江景观带可以比作温州的客厅，进入温州之门后，其直接展现在客人面前。

图 6-4-6　自锚式悬索桥主桥构思图

图 6-4-7　温州之门——自锚式悬索桥方案图

桥梁建筑概论

本方案主塔造型采用了比较古朴的高低塔不同的造型形式,体现出一种古朴、典雅的气质,有节奏的吊杆使古朴、典雅的气质得到了升华,主塔造型正好与江心屿上的世界古航标、中国五大文物灯塔之一的古灯塔遥相呼应,如图 6-4-8 所示。方案十分巧妙地采用了中国建筑美学原理,主塔呈门形,古朴、高大、威严,副塔为两个独柱,是进入门塔前的过渡建筑,起到空间上的过渡作用,就好比是家门前的两头石狮,天安门前的华表一样,是我国古代建筑上常用的表现手法,它使建筑形成了一定的空间流动感与建筑结构的韵律感。

图 6-4-8 自锚式悬索桥主副塔与江心屿古航标遥相呼应

本方案的引桥采用 50m 等跨布置的变高连续箱梁,如图 6-4-9 所示,根部梁高加大到 5m,梁高采用椭圆曲线变化,立面上节奏感强,有多跨拱桥相似的韵律。引桥造型与主桥古典的造型相得益彰,融入周边山水之中。

图 6-4-9 温州之门引桥方案图

6.4.2 江门市发展大道过江通道——江门大桥方案构思

江门市发展大道过江通道项目连接蓬江区发展大道东延线与潮连岛嘉和路,横跨西江水道,其中发展大道现状至港口路终止,规划东延线延伸至西江岸边滨江路,港口路交叉口采用平交方式。建成后将成为蓬江区与潮连岛的主要通道,有效缓解上岛交通拥堵,并促进潮连岛的发展。江门大桥平面布置如图6-4-10所示。

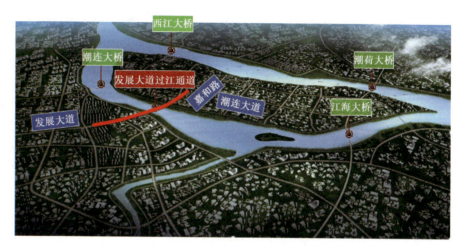

图6-4-10 江门大桥平面布置图

江门市,别称五邑、四邑,广东省辖地级市,粤港澳大湾区重要节点城市,在粤港澳大湾区中处于"承东启西"的位置,是大湾区通向粤西和大西南的枢纽门户,珠江西岸新增长极和沿海经济带上的江海门户。江门市位于珠江三角洲西岸城市中心,东邻中山、珠海,西连阳江,北接佛山、云浮,南濒南海;北低西高,以低山丘陵为主。江门历史悠久,文化底蕴深厚,五邑文化和侨乡文化独具魅力;530多万海内外华侨华人和港澳台侨胞分布在145个国家和地区,素有"中国侨都"美誉。

江门市区因地处西江与其支流——蓬江的汇合处,江南的烟墩山和江北的蓬莱山对峙如门,故名"江门"。江门港位于西江河段江门外海大桥下游1.5km处,是西江干流广东段的重要港口,1902年江门港被辟为对外通商口岸,目前包括有广海湾、恩平、新会三个沿海港区和主城、开平、台山、鹤山四个内河港区。江门港是广东地区性重要港口和地区综合交通体系的重要枢纽,是江门市经济社会发展和对外开放的重要依托,是江门市发展现代物流和临港产业的重要基础,是珠江三角洲西部地区连接港澳市场的重要口岸。

江门是重要的广府人聚集地之一,亦是广府文化的代表城市之一。江门旅游资源丰富,拥有世界文化遗产开平碉楼与古村落(图6-4-11),让大文豪巴金先生为之陶醉的小鸟天堂,国家森林公园圭峰山,入选广东省"十大美丽海岛"的上下川岛,"中国历史文化名镇"赤坎古镇,岭南乃至全国难得一见的古老水乡等。

图6-4-11 开平碉楼与古村落

方案一:独塔斜拉桥方案——西江明珠(主题构思)

独塔斜拉桥方案主跨418m,桥跨布置为:(418+144+72)m,主塔高188m,主跨斜拉索间距16m,边跨拉索间距8m。设计主题是"西江明珠,邑聚英才"。桥梁建筑造型以"凝聚江门新力量,同心共圆中国梦"与"人类命运共同体"价值观为主题,打造属于江门独一无二的"西江明珠"。斜拉桥主塔构思草图如图6-4-12所示,主塔效果图如图6-4-13所示。

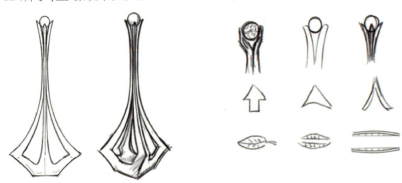

图6-4-12 斜拉桥主塔构思草图

6　桥梁建筑构思

图 6-4-13　斜拉桥主塔构效果图

在人行道的设计方面,采用了与桥面分离式的设计,人行道如水流般的曲线与车行道相辅相成,桥中部的人行道高于桥面,行人步行其中,无限江景尽收眼中,同时打造圆弧形玻璃观景平台,带给行人别样的沉浸观景体验。在路灯的设计上,引用了种子萌芽的形象,与地球相关联。设计方案表达了江门积极响应建设中国梦,人与自然和谐相处的美好祝愿。独塔斜拉桥方案构思草图如图6-4-14所示。

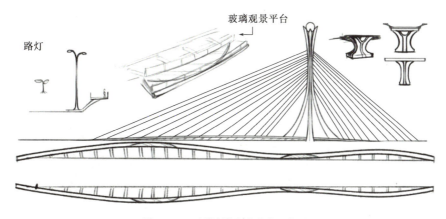

图 6-4-14　独塔斜拉桥方案构思草图

最后,根据通航要求等条件,主桥布置为(418 + 144 + 72)m 的独塔钢斜拉桥方案,如图 6-4-15 所示。桥梁整体采用月光灰色作为涂装颜色,桥塔整体宛若四手托起的地球,突出桥塔的空间造型,引桥墩也采用同样的涂装方式,人行道与桥衔接处采用玻璃的材料,增添桥梁的景观通透感。曲线与菱形的结合,为桥梁顶部增添稳重感,营造涂装造型整体的层次感,使桥梁与环境相融合。

图 6-4-15　独塔钢斜拉桥方案

方案二:自锚式悬索桥方案——灵山秀水(环境构思)

自锚式悬索桥(灵山秀水)方案主跨418m,桥跨布置为(60 + 158 + 418 + 158 + 60)m,主塔高118m,吊杆间距15m,主缆矢高76m。本方案以"两山夹一水"为设计灵感,以江门持续发展战略为设计主题,山峦层岩叠嶂,威风凛然,江水温润如玉,缓缓流淌,在纵横曲直之间活灵活现,宛若一幅依山傍水的美丽画卷缓缓展开,如图 6-4-16 所示,桥梁建筑造型融合山水环境,景色连天,将曲线与力量相结合,打造刚柔并济的多层桥塔设计方案,寓意江门人与自然和谐相处,城市生命力澎湃,以及对江门打造可持续性发展战略性城市的美好祝愿。

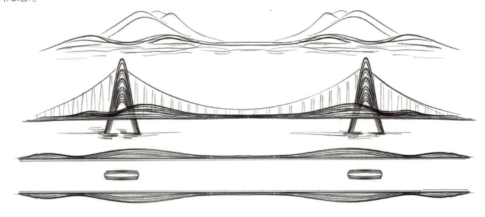

图 6-4-16　自锚式悬索桥(灵山秀水)方案构思草图

为更好地呈现江门特有的"两山夹一江"地理特色,人行道的设计上采用了水流起伏的形态,多根线条起承转合,在视觉上丰富整体桥梁层次,同时人们步行其中,更加增添观景的视觉美感,达到一步一景的美妙感官体验。桥塔设计上采用多层设计,打造出山峰层峦叠嶂的壮阔画面,行驶桥中,各方位都有不同的视觉体验,宛若畅游游于山水之间,更加增添了江门的山水人文之情。塔形和人行道构思草图如图 6-4-17 所示。

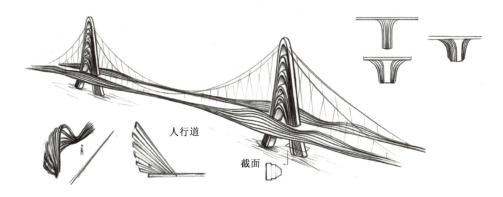

图 6-4-17 塔形和人行道构思草图

本方案的桥梁整体采用银灰色作为涂装颜色,桥塔整体宛若起伏的山脉,突出桥塔的空间造型,引桥墩在设计上引用山峦层叠式的造型,为桥梁增添灵动的氛围,营造涂装造型整体的层次感,使桥梁与环境相融合。方案效果图如图 6-4-18、图 6-4-19 所示。

图 6-4-18 自锚式悬索桥(灵山秀水)方案效果图一

图 6-4-19　自锚式悬索桥(灵山秀水)方案效果图二

方案三:钢桁拱桥方案——龙跃西江鹏程万里(模仿构思)

钢桁架拱桥方案主跨 448m,桥跨布置为(138 + 448 + 138)m,净矢高为 103m,矢跨比约为 1/4.3,吊杆间距 16m,桥头堡高 88m。拱桥造型犹如巨龙飞跃西江,桥头两侧矗立两座融入侨都江门传统建筑元素碉楼的桥头堡,如图 6-4-20 所示。桥梁建筑造型寓意着江门在新时代以"龙跃西江,鹏程万里"姿态,发挥华侨桥梁作用,凝聚"侨心侨力侨智",谱写高质量发展的新篇章。

图 6-4-20　钢桁拱桥方案构思草图

如图 6-4-21 和图 6-4-22 所示,钢桁拱桥方案采用了秋黄和浅灰两种不同颜色的涂装对比,古色古香,体现了现代工业文明与古典建筑的融合美,桥梁建筑造型庄重典雅。图 6-4-23 所示为其夜景效果图。

6　桥梁建筑构思

图 6-4-21　钢桁拱桥方案秋黄色涂装效果图

图 6-4-22　钢桁拱桥方案浅灰色涂装效果图

图 6-4-23　钢桁拱桥方案夜景效果图

方案四:自锚式悬索桥方案——鱼跃龙门(地缘文脉构思)

自锚式悬索桥(鱼跃龙门)方案主跨418m,桥跨布置为(60 + 158 + 418 + 158 + 60)m,桥塔采用高低塔,高塔塔高为138m,矮塔塔高为108m,吊杆间距15m。

本桥连接江门市蓬江区的发展大道与潮连岛的嘉和路,而潮连岛在当地也被称为"人才岛",是吸引各地优秀人才创业的高端区域。2023年,当地集中动工含道路、水系、载体和互联网、金融、产学研等类型近20个项目,积极推动江门人才岛新一轮高质量发展。自锚式悬索桥(鱼跃龙门)方案以飞跃发展作为设计的主题,主塔采用高低塔配合,低塔造型犹如飞跃的鲤鱼,高塔为门形,主塔立意"鱼跃龙门傲九天",如图6-4-24所示。桥梁建筑造型奋发向上,寓意为江门高质量发展提供强有力人才支撑,表达了对江门未来发展一飞成龙的美好祝愿,如图6-4-25、图6-4-26所示。

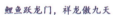

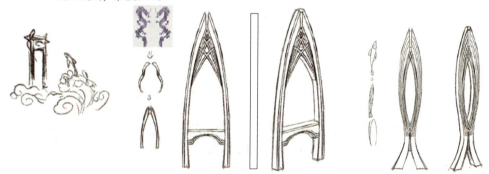

图6-4-24　主塔"鱼跃龙门"方案构思草图

图6-4-25　自锚式悬索桥(鱼跃龙门)方案夜景图

6　桥梁建筑构思

图 6-4-26　自锚式悬索桥(鱼跃龙门)方案效果图

7 桥梁建筑造型

7.1 梁桥造型

梁式桥构造简单、施工方便、工期短、造价低且维修容易。除特大跨径桥梁外,梁式桥是设计中优先考虑的结构体系。梁桥从结构形式上又可大体划分为简支梁桥、连续梁桥、悬臂梁桥、T形刚构桥、连续刚构桥、桁架桥及变异的刚构-连续等类型。

7.1.1 等高度梁造型

确定梁桥外观最重要的准则是梁的长细比(跨径与梁高比)。长细比不同,梁桥给人的感受也不同,或笨重压抑,或轻巧优美。梁桥的长细比变化在 5~30 之间,对于连续梁可达 45。

对于小跨径的地道桥,当桥台翼墙较大时,梁宜选用较小的长细比,当桥孔跨径约等于桥孔净高时,长细比采用 5 可取得较好效果(图 7-1-1);当桥孔跨径大于桥孔净高时,桥孔呈狭长的长方形时,可选用纤细一点的梁,其长细比采用 10 较为合适(图 7-1-1)。如果桥台翼墙较小,梁的长细比采用 10 时,梁看起来显得笨重,此时若采用 20,则取得了引人注目的效果(图 7-1-2)。

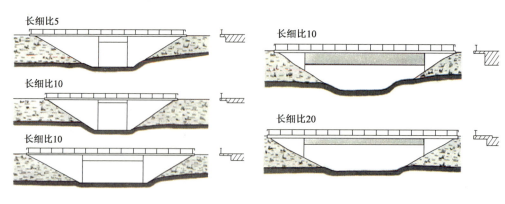

图 7-1-1　长细比(5 和 10)立面图　　图 7-1-2　长细比(10 和 20)立面图

在桥台垂直翼墙的竖直面内设有实体栏杆的桥梁(翼墙与实体栏杆之间没有设挑檐分隔),作为城市道路上的地道桥看上去相当难看。但这种形式的桥梁可用于小孔径,如涵洞(图7-1-3)。

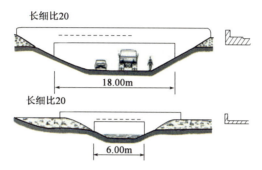

图7-1-3　桥台翼墙面与主梁面的比例和漏空面积以及梁的长细比对单孔梁桥的影响

图7-1-1~图7-1-3中,桥台翼墙面与主梁面的比例、漏空面积以及梁的长细比对单孔梁桥的影响比较明显。

比例协调程度取决于结构构件的体量与立面上镂空部分大小的关系。三跨连续梁的跨河小桥为我们提供再一次机会说明结构实体部分与镂空部分的比例对结构外观是多么重要(图7-1-4)。

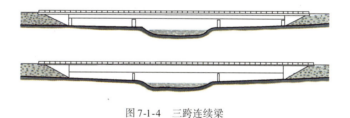

图7-1-4　三跨连续梁

如果一座桥有薄的饰带而主梁只支承在薄的桥墩上,主梁的长细比采用15时,则看上去就感到笨重。这样细弱的桥墩虽然经过计算证明是安全的,但使人看上去总担心它是否能承受那么沉重的主梁。如果梁做得更纤细一些(长细比20),同时桥墩也放宽一点,则同一座桥看上去就令人较满意。主梁做得较纤细则造价会略高一些,但是这额外增加的造价是值得的。

在立面上采用饰带来突出桥面线的做法已应用得相当广泛。这条饰带从一端桥台到另一端桥台把路堤连接起来,使全桥连成一个整体。如果在边梁的外缘同一立面内建造钢筋混凝土实体栏杆,以代替镂空栏杆,则桥梁的外貌会显得十分难看,同时与周围环境的尺度也不协调(图7-1-5),边梁竖直面内设实体栏杆使梁外表笨重和呆板。

图 7-1-5　边梁竖直面内设实体栏杆

对于较长的高架城市道路桥或洪水淹没区的高架路,采用等高度的梁是较好的解决方式。对于桥墩,可选用薄壁或柱式墩。

如果桥梁立面线形呈斜线或曲线,则梁底线应与桥面线保持平行(图7-1-6)。

图 7-1-6　坡桥的梁布置与纵坡一致

7.1.2　加腋梁造型

当桥面是水平或微倾斜直线时,采用直线加腋比较美观(图7-1-7)。加腋长度不要大于 $0.2L$(L 为跨径),而加腋的倾斜度不大于 $1:8$。较陡较长的加腋会影响梁的有力感与纤细感。

图 7-1-7　直线加腋的三跨连续梁

加腋梁桥的边孔一般为主孔的 $0.6 \sim 0.8$,这样使边孔的正弯矩不至于大于主孔的正弯矩。按这样选择的孔径既考虑了力学因素,又使桥梁的外观有所改善。

如果桥梁的竖向线形呈曲线,则宜采用曲线加腋(图7-1-8)。当布置跨河桥时,采用中间一孔跨径较大,两边跨径较小曲线加腋的梁是合适的。

7 桥梁建筑造型

图 7-1-8　桥面呈曲线形宜用曲线加腋

加腋可采用抛物线形,其曲率向主孔跨中逐渐减小。梁底曲线应与桥面悬臂饰带线相平行的线相切,尤其在边跨的末端更应如此(图7-1-9)。更为重要的是,在加腋下面的桥墩要强而有力,以便看上去感到能与加腋所集中的荷载和作用力相适应。

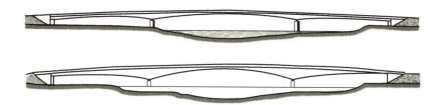

图 7-1-9　连续梁桥恰当(上图)与不恰当(下图)的立面线形

当加腋桥梁其梁的长细比接近限值(如跨中 $L/d = 50$,墩上 $L/d = 25$),且其横断面与饰带比例良好时,按照上述准则进行加腋梁桥设计,可使设计的桥梁表现得强有力且形象优美。

如果桥梁离地面不高而桥下空间呈扁平形状时,多跨桥中重复采用同一形式的加腋一般可取得视觉良好的效果。这种情况下梁底即使采用圆弧线看上去也能感受到美。例如(图7-1-10)瑞士的苏黎世勃朗峰桥,梁底边的圆形弯曲,使梁看上去像一个平拱。如果桥梁接近水平,几孔这样的重复是令人愉快的,矮墩适用于这种情况。

图 7-1-10　瑞士苏黎世勃朗峰桥

日本的静冈县滨名湖桥(图 7-1-11)就是这种令人难忘的桥,它们追随着高速公路的 S 形曲线。梁底呈曲线形的连续梁桥比等高度梁桥在美学上能更令人满意。等高度梁的直线条因外形略显刻板而不自然。

图 7-1-11　日本静冈县滨名湖桥

7.1.3　钢桁梁桥造型

钢桁梁桥在国内主要用于活载偏大的铁路桥或公铁两用桥,以及部分运输极不方便的大跨悬索桥,造价较高、维修工作量大。

九江长江大桥为公铁两用(4 车道加双线)桥,如图 7-1-12 所示。正桥为 11 孔钢桁梁,其中主孔为拱组合体系,由 3 跨(180 + 216 + 180)m 连续刚性钢桁梁与柔性钢加劲拱组成,北侧边孔为两联 3 × 162m 连续钢桁梁,南侧边孔为一联 2 × 126m 连续钢桁梁。主桁采用带下加劲弦杆的平行弦三角形架。九江长江大桥由正桥和南北两岸公路、铁路引桥组成,它的铁路桥长 7675m,比南京长江大桥还长 900m,桥墩跨径 216m,当时在世界同类桥梁中列第 3 位。

图 7-1-12　九江长江大桥

7 桥梁建筑造型

九江长江大桥地处长江中游的江西、湖北、安徽三省交界处,是中国铁路南北通道京九线、合九线和中国公路南北干线 G105 国道跨越长江的重要桥梁。大桥全线通车后,成为京九铁路的枢纽,对加强中国南北交通运输,促进华东、中南经济建设、文化交流和旅游产业都具有重要的战略意义。此外,大桥设计新颖,造型优美,工艺独特,雄伟壮观,既是中国南北交通的大动脉,又是九江市一处著名的景观。

7.1.4 简支梁桥造型

简支梁桥是上部结构由两端简单支承在墩台上的主要承重梁组成的桥梁,是静定结构。结构受力比较单纯,不受支座变位影响,适用于各种地质情况,构造也较简单,易标准化、装配化构件,制造、安装都较方便,是一种采用最广泛的梁式桥。

开封黄河大桥为跨越黄河的特大公路桥,如图 7-1-13 所示。桥全长 4475.09m,共 108 孔,其中 77 孔为跨径 50m 的预应力混凝土简支 T 形梁,其余 31 孔跨径为 20m,桥宽 18.5m,下部结构为单排双柱式墩,采用直径 220cm 大直径钻孔灌注桩基础。

图 7-1-13 开封黄河大桥

7.1.5 悬臂梁桥造型

上部结构由简单支承在墩台上并带有悬臂的主要承重梁组成的桥梁,较同样跨径的简支梁的最大弯矩小,可用较小的截面,跨越能力较大。这种桥是静定

桥梁建筑概论

结构,适于各种地质情况,但悬臂端挠度较大,对行车不利。

南宁邕江大桥位于广西南宁市,如图 7-1-14 所示,是中国最早采用闭口薄壁杆件理论设计的一座悬臂式钢筋混凝土箱形薄壁城市桥。两端跨径为 45m 的单悬臂梁,中间 5 孔跨径各长 55m,采用 23m 中间挂梁的双悬臂梁。桥全长 394.6m,桥宽(2×3+18)m。上部结构的横剖面由两组独立的三室箱梁组成,两组箱梁之间用简支板支承于箱梁的悬臂上;在墩台处设置刚接的连续横隔梁。

图 7-1-14 南宁邕江大桥

7.1.6 连续梁桥造型

上部结构由连续跨过三个以上支座的梁作为主要承重结构的桥。由于支点负弯矩的卸载作用,在较大跨径时较简支梁经济,且桥墩宽度小,节省材料,接缝少,行车平顺。但连续梁为超静定结构,适用于地质良好的桥位处。

(1)西延线狄家河桥

西延线狄家河桥位于陕西省境内,是西安至延安跨越狄家河的单线铁路桥,为 4 孔跨径 40m 的预应力混凝土连续梁桥,如图 7-1-15 所示。主梁为等截面单箱单室,梁高 3m,系中国首次采用顶推法施工的连续梁桥。全梁分 41 块预制,除两端块外,其余块长均为 4m,采用现场预制,分阶段胶接拼装。顶推采用水平-垂直千斤顶单点顶推,梁端设置 30m 长钢导梁。在顶推结束,钢绞线张拉、管道压浆后,全梁落在正式支座上。该桥于 1977 年建成。

图 7-1-15　西延线狄家河桥

(2) 厦门海峡大桥

厦门海峡大桥位于福建省厦门岛北端，为跨越高崎集美海峡的公路桥，如图 7-1-16 所示，主桥长 2070m。上部结构为多孔 45m 等跨等截面预应力混凝土连续梁桥，共 5 联，分跨为 $(8\times45+8\times45+12\times45+10\times45+8\times45)$m，横截面为两个独立的单室箱，梁高 2.68m，桥宽 23.5m。预应力筋采用钢绞线，QM 及 VSL 锚具，纵向主索采用连接器全联贯通。下部结构为钢筋混凝土矩形薄壁双柱墩、钻孔灌注桩或打入预制方桩。该桥为国内首次采用移动式模架逐孔现浇施工，共用两套模架，标准段长 45m，施工周期 14～15d，于 1991 年建成通车。

图 7-1-16　厦门海峡大桥

(3) 南昌大桥

该桥是我国第一座双层立体分流城市公路大桥，如图 7-1-17 所示，位于南昌市桃花乡,全长2780m,其中主桥长1982.45m,引道长797.5m,桥面上层宽23m,下层两侧宽各5m为非机动车道和人行道,这种桥型属国内首创。正桥及西引桥为双层单箱单室后张法三向预应力钢筋混凝土连续梁桥。主桥跨为$(56+11×80+56)$m,采用悬臂法施工。西引桥桥跨为$(3×48+12×48)$m,采用膺架移动脚手架法施工和多点顶推法施工,顶推质量为3.4万t。东引桥为20m大孔板梁,先张法预制,采用门式起重机架设。全桥基础为钻孔桩基础。该桥于1990年5月1日开始修建,于1994年1月10日建成。

图7-1-17 南昌大桥

(4)宜城汉江公路大桥

宜城汉江公路大桥是跨越汉江的一座特大桥梁,如图7-1-18所示,全桥长1887m,桥面全宽12m,主桥为$(55+4×100+55)$m六跨一联预应力混凝土连续梁桥,是我国第一座大跨径双支座连续梁桥。该桥于1990年10月竣工通车。

图7-1-18 宜城汉江公路大桥

7.1.7 T形刚构桥造型

T形刚构桥是上部结构与桥墩整体浇筑在一起,每单元在立面上呈T形的桥梁。上部结构利用悬臂浇筑和悬臂拼装的施工方法,不影响通航和桥下交通。但桥面伸缩缝偏多,徐变挠度大不易控制,使桥面线形平顺度差,不利于高速行车。

(1) 重庆长江大桥

重庆长江大桥位于重庆市,如图 2-2-19 所示,是当时国内跨径最大的预应力混凝土T形刚构桥。主桥全长 1120m,分跨为 (86.5 + 4 × 138 + 156 + 174 + 104.5) m,最大跨径 174m,悬臂端梁高 3.2m,根部高 11.0m。吊梁跨度 35m,桥宽 21m。上部结构由两个单室箱梁组成,施工方便;采用三向预应力,悬臂浇筑法施工。该桥于 1980 年 7 月 1 日建成通车。

(2) 宁夏青铜峡黄河大桥

青铜峡黄河公路大桥全长 743m,桥宽 (2 × 1.5 + 11) m,如图 7-1-19 所示。全桥分跨为 (4 × 30 + 60 + 3 × 90 + 60 + 6 × 30 + 20) m,中孔为预应力T形刚构,引桥为预应力简支梁。T构为单箱双室薄壁结构,采用悬臂浇筑施工。

图 7-1-19 青铜峡黄河公路大桥

(3) 加拿大联邦大桥

加拿大联邦大桥为 12.9km 跨海大桥,如图 7-1-20 所示,跨径组合为 (165 + 43 × 250 + 165) m,带挂梁的预应力混凝土T构,于 1997 年建成。为提高耐久性,大桥广泛采用了高性能混凝土。

图 7-1-20　加拿大联邦大桥

7.1.8　连续刚构桥造型

连续刚构桥既保持了连续梁桥的优点,又减少了桥墩尺寸,并不设支座,降低了工程造价,且桥面伸缩缝很少,有利于高速行车和减少养护维修费用,还有利于抗震,应用日益广泛。

(1)重庆石板坡长江大桥

重庆石板坡长江大桥,如图 7-1-21 所示,复线桥全长 1103.5m,宽 19m,主跨长达 330m,结构体系采用长联大跨径钢混组合刚构-连续组合桥梁,居目前世界同类桥梁之冠。大桥主跨跨中 103m 梁段采用了钢箱梁结构,这样有效地降低了主梁的弯矩和剪力。其关键技术包括:C60 高性能混凝土技术,钢箱梁(1400t)的制造、整体运输、定位,钢箱梁整体吊装及钢混接头的处理等。

图 7-1-21　重庆石板坡长江大桥

（2）挪威 Stolma 桥

挪威 Stolma 桥,如图 7-1-22 所示,为预应力混凝土连续刚构桥,其主跨大到惊人的 301m。该桥为了减少主跨墩顶负弯矩,在主跨采用了轻质混凝土（LC60）。为保证平衡悬臂施工、加强悬臂状态下结构的稳定性,在主跨两双薄壁墩的外侧各设立一个施工辅助墩,全桥合龙后将其拆除。该桥为双车道公路桥,全宽仅 10.3m。主梁为单箱单室截面,梁宽 7.0m,梁在墩柱处高 15m,跨中高 3.5m。

图 7-1-22　挪威 Stolma 桥

（3）下白石大桥

下白石大桥,如图 7-1-23 所示,全长 984.6m。主桥上部构造为四跨预应力混凝土连续刚构,跨径组成为(145 + 2 × 260 + 145)m；主桥下部为钢筋混凝土薄壁空心墩,其基础由直径 28m 的双壁铜围堰和 19 根直径 2.50m 的钻孔灌注桩组成特大型复合式群桩基础。该桥于 2003 年建成。

图 7-1-23　下白石大桥

（4）重庆黄花园嘉陵江大桥

重庆黄花园嘉陵江大桥，如图 7-1-24 所示，桥型为五跨预应力混凝土连续刚构桥。全桥长 1208m，主跨 250m，桥宽 31m，通航净高 20m。该桥于 1996 年 12 月 26 日开工，于 1999 年 12 月 26 日竣工。

图 7-1-24　重庆黄花园嘉陵江大桥

（5）安康汉江桥

安康汉江桥，如图 2-2-20 所示。是主跨 176m 的斜腿刚构，为目前同类型铁路钢桥中跨度最大者，梁长 305.10m，桥墩采用圆形空心墩，仅 5 号墩为直径 8m 的实体墩，并设有水平板铰与主梁相连以传递斜腿刚构的纵向水平力。斜腿刚构的斜腿支墩为悬臂式，其悬臂部分为钢筋混凝土矩形结构。

（6）番禺洛溪大桥

番禺洛溪大桥，如图 2-2-21 所示，为国内首次设计的采用大吨位 VSL 群锚锚固系统的预应力混凝土连续刚构桥。桥总长 1916.04m，宽 15.5m 桥宽 15m，主梁单箱单室，于 1988 年 8 月建成通车。

（7）黄石长江大桥

黄石长江大桥全长 2580.08m，如图 2-2-22 所示，主桥长 1060m，分跨为（162.5 + 3×245 + 162.5）m，为五跨预应力混凝土连续-刚构桥，跨径与联孔长度均很大。桥宽 20m，通航净空 200×24m。主桥墩采用 28m 直径双壁钢围堰加 16 根 $\phi 3m$ 钻孔灌注桩基础，具有较高的防船舶撞击能力。

7.1.9　与自然环境的和谐统一的梁桥造型

桥梁建筑的造型、尺度和比例、体量、材料、色彩等与周围环境相互协调，并尽量降低对自然环境的破坏,讲究将桥梁建筑融入周边环境之中,与自然和谐统一,浑然天成,如图 7-1-25 所示。

图 7-1-25　融入自然的优美梁桥集锦

7.2　拱桥造型

拱桥是以承受轴向压力为主的拱圈或拱肋作为主要承重构件的桥梁,拱结构由拱圈(拱肋)及其支座组成。拱桥可用砖、石、混凝土等抗压性能良好的材料建造;大跨径拱桥则用钢筋混凝土、钢管混凝土或钢材建造,以承受发生的力矩。拱桥按拱圈的静力体系分为无铰拱、双铰拱、三铰拱。前二者为超静定结构,后者为静定结构。拱桥按结构形式可分为板拱、肋拱、双曲拱、箱形拱、桁架拱。拱桥为桥梁基本体系之一,直至成长为现代大跨径桥梁的主要形式之一。

拱桥是比较常用的一种桥梁形式,我国在建造钢筋混凝土拱桥的实践中进行了拱轴线优化工作,创立与完善了混凝土徐变对混凝土拱内力重分布影响、连拱计算、拱桥荷载横向分布、各种形式拱桥的设计计算理论,进行了组合装配式混凝土拱桥的施工控制等研究。为了适应在软土地基上建造混凝土拱桥,提出了组合桥台形式及其计算理论。在拱桥施工方法上也有所创新:中小跨径拱桥以预制拱肋为拱架,少支架施工为主,或采用悬砌方法;大跨径拱桥则采取纵向分条,横向分段,预制拱肋,无支架吊装,组合拼装与现浇相组合的施工方法;此外,在采用无支架转体施工方法建造拱桥方面也有不少成功的经验。

(1)湘潭湘江桥

于1961年建成通车的湘潭湘江桥,如图7-2-1所示,为8孔60m上承式钢筋混凝土拱桥,两端各接一孔13.5m片石混凝土板拱引桥,全长605.22m,桥面总宽21m,上部结构采用装配式钢筋混凝土构件,预制安装。拱肋为180cm×160cm的工字形等截面,河中通航孔采用钢拱架施工,其余6孔采用满堂式拱架,基础采用钢木结合的浮运沉井方法建造。

图7-2-1 湘潭湘江桥

7 桥梁建筑造型

(2) 丹河大桥

丹河大桥如图 2-2-33 所示,是晋(城)焦(作)高速公路上的一座特大型桥梁,位于山西晋城市太行山西麓上的丹河上。为全空腹式变截面石板拱桥。其跨径组成为 $(2\times30+146+5\times30)$m,桥梁全长 413.7m。主孔净跨径 146m、净矢高 32.444m。桥面宽度 24.8m、桥梁高度 80.6m。桥梁栏杆由 200 多幅表现晋城市历史文化的石雕图画与近 300 个传统的石狮子组成,体现了现代与传统文明的完美结合。丹河大桥被列入吉尼斯世界纪录。

(3) 重庆万州长江大桥

重庆万州长江大桥,如图 2-2-35 所示。大桥位于万州区(原万县市)黄牛孔处,是上海至成都高速公路跨越峡江天险的特大型拱桥。大桥一跨飞渡长江,全长 856.12m,主拱圈为钢管混凝土劲性骨架箱形混凝土结构,主跨 420m,桥面宽 24m,为双向四车道,建成时是世界最大跨径的混凝土拱桥。

(4) 剑河桥

剑河桥如图 7-2-2 所示,首次采用预制构件组合的悬臂拼装工艺施工的预应力混凝土桁式组合拱桥。孔径布置为 $(39+150+39)$m,全长 241.1m,桥高 30m,桥宽 11.8m。拱圈高 1.50m,宽 6.82m,矢跨比为 1/8。该桥于 1985 年建成。

图 7-2-2 剑河桥

(5) 江界河大桥

江界河大桥如图 7-2-3 所示,位于贵州省瓮安县江界河风景区的震天动峡谷。大桥全长 461m,宽 13.4m,高 263m。主孔跨径 330m 桥削岩成基,主孔分 108

个桁片预制。该桥为世界同类桥梁单孔跨径第一的桁式组合拱桥,高度居亚洲第一,世界第二。

图 7-2-3　江界河大桥

(6) 余杭里仁桥

余杭里仁桥如图 7-2-4 所示,是首座单跨 50m 的钢筋混凝土斜拉式桁架拱桥。拱圈矢跨比为 1∶8,桥面净空为净 7+2×0.75m 人行道。全桥布置 4 片拱片,在上弦杆覆盖微弯板混凝土桥面。预制拱片卧置叠浇,分段用浮式起重机起吊、翻身和吊装,在三分点处设临时支托,浇筑湿接头混凝土。该桥于 1971 年竣工。

图 7-2-4　余杭里仁桥

(7)清远北江大桥

清远北江大桥如图7-2-5所示,是一座孔跨为(3×45+8×70+4×45)m、全长1058.04m的刚架拱桥,桥宽为(12+2×2)m,是目前国内较长的多跨连拱大跨径刚架拱桥。该桥于1985年建成。

图7-2-5　清远北江大桥

(8)吉水赣江大桥

吉水赣江大桥如图7-2-6所示,为14孔净跨70m,矢度1/6,拱轴系数2.514的空腹式等截面钢筋混凝土箱形拱桥,全长1057m,桥梁总宽度为15.5m。上部结构主拱圈为缆索吊装等截面箱形拱,主拱圈高度1.4m,宽度12.1m,横向8个单箱组成。该桥于2004年通车。

图7-2-6　吉水赣江大桥

(9)广州丫髻沙大桥

广州丫髻沙大桥(图7-2-7)是环城高速公路跨越珠江主航道的一座特大型钢管混凝土拱桥,桥梁全长1084m,主桥采用(76+360+76)m三跨连续中承式钢管混凝土拱桥桥型,其建设采用桥梁主拱由两岸地面拼装—垂直提升—水平转动—对接合龙的建桥新工艺。该桥于1998年7月正式动工兴建,于2000年6月建成。

图7-2-7 广州丫髻沙大桥

(10)钱江四桥

钱江四桥如图7-2-8所示,是杭州市一座跨越钱塘江的特大型城市桥梁,能满足不同交通需求,上层设双向6条机动车快速行车道,下层设地铁、公交车专用道及行人、非机动车通道。主桥长1376m,宽26.4m。钱江四桥荣获2005年度中国建筑工程的最高奖项。

图7-2-8 钱江四桥

钱江四桥是大小拱结合的钢管混凝土系杆拱长大拱桥,多跨连拱,双层路面,其中两座为190m跨径的主拱,9座为85m跨径的小拱;从拱桥的支承体系上,在同一桥上集所有拱桥桥型于一身,包括上承式、中承式、下承式。

(11)武汉江汉三桥

武汉江汉三桥如图7-2-9所示,其主桥为1×280m的下承式钢管混凝土系杆拱,计算跨径283.598m,为当时国内最大跨径的下承式系杆拱桥。桥面标准宽度20m,主拱由2片拱肋组成,拱肋为等截面钢管混凝土桁架,桁高5.5m,宽2.4m,净矢跨比1/5,弦管为$\phi1000\times12mm$的卷制钢管。该桥已建成通车多年,被武汉市民誉为"彩虹桥"。

图7-2-9　武汉江汉三桥

(12)高安筠州大桥

高安筠州大桥(图7-2-10)全长586m,桥面宽19m,双向四车道,主桥为跨径156m中承式钢管混凝土系杆拱,高安筠州大桥是一座单跨飞鸟式悬链线中承钢管混凝土拱桥,在江西是首次采用这种桥型,曾被称为"江西第一拱桥"。大桥于2000年12月开工,于2003年5月18日建成通车。

图7-2-10　高安筠州大桥

(13) 广西六景郁江大桥

广西六景郁江大桥如图7-2-11所示,其主桥采用净跨220m中承式钢管混凝土拱(推力)结构体系,宽25.1m,净矢跨比为1/5,主拱轴线为无铰悬链线,拱轴系数$m=1.543$,拱肋为等截面钢管混凝土桁架结构,截面高4.3m,宽2.0m。

图7-2-11 广西六景郁江大桥

(14) 卢浦大桥

"世界第一钢拱桥"卢浦大桥,如图2-2-34所示,其全长3900m,主桥长750m,主桥面宽28.7m。主跨550m,居世界第一。卢浦大桥在设计上融入了斜拉桥、拱桥和悬索桥三种不同类型桥梁设计工艺,是目前世界上单座桥梁建造中施工工艺最复杂、用钢量最多的大桥。

卢浦大桥是当时世界上首座采用箱形拱结构的特大型钢拱桥,主拱截面9m高、5m宽。除合龙接口采用栓接外,其余完全采用焊接工艺连接。大桥建设中所使用的16根水平系杆索是目前世界拱桥中长度最大(760m)、直径最粗(18cm)、单根质量最大(110t)以及单根张拉吨位最大(1700多吨)的水平索。该桥于2003年6月28日建成通车。

(15) 天津大沽桥

天津大沽桥如图7-2-12所示,获得2006年度世界著名桥梁大奖——尤金·菲戈奖。天津大沽桥设计构思为"日月拱",由两个不对称的拱圈构成。大拱圈拱高 39m,面向东方,象征太阳;小拱圈拱高 19m 面向西方,象征月亮。全桥长 154m,为三跨连续梁体系。桥面铺装采用了高科技含量的环氧沥青混凝土。

图 7-2-12　天津大沽桥

7.3　斜拉桥造型

作为 200～1000m 跨径范围内最具竞争力的桥梁结构形式之一的斜拉桥,是由塔(压弯)、梁(压弯)、拉索(拉)三种基本构件组成的桥跨结构支承(固结)在桥墩上的缆体承重结构,是典型的组合结构体系。加劲梁承受强大的轴向力的同时,还要承受来自恒载、活载及其他荷载所产生的弯矩。现代斜拉桥的密索扇形布置使得加劲梁高度明显变低,性能较优的飘浮体系的大量使用,使得斜拉桥的柔性受力特征表现突出。

纵观斜拉桥结构变迁及发展过程,可以看出斜拉桥的跨径在不断增大的同时,主梁的高跨比不断减小(从 1/40 左右下降至 1/350 左右),索距亦不断减小(从 60m 左右减至 10m 以下),扁平的板式或箱肋式主梁逐步成为主流结构。

(1)杨浦大桥

杨浦大桥主桥为双塔三孔结合梁斜拉桥,如图 2-2-24 所示,主桥长 1172m,主跨 602m,跨径组合为(243+602+243)m,桥面宽 30.35m。主梁为两个钢箱梁与钢筋混凝土板组成的结合梁,纵向为悬浮体系。钢箱梁的中距为 25m,梁高 2.7m,

之间设有纵向间距4.5m的工形钢横梁;混凝土板厚26cm。桥塔为钢筋混凝土结构,横向下部为半V形结构,上部为倒Y形结构;塔全高204m。斜拉索按扇形密索形式布置。每塔两侧各有31对斜拉索,梁上标准索距9m;最粗索由301丝直径7mm的高强钢丝编成,最长索325m。该桥于1993年10月竣工通车。

(2)诺曼底大桥

诺曼底大桥如图7-3-1所示,横跨位于Le Havre和Honfleur两地间的塞纳河。大桥全长2141m,主跨径为856m,为双塔双索面斜拉桥。桥塔呈倒Y形,高203m。

图7-3-1　诺曼底大桥

(3)鄂黄长江大桥

鄂黄长江大桥如图7-3-2所示,全长3250m,桥面宽24.5m。主桥为双塔双索面预应力混凝土飘浮体系,跨径布置为(55+200+480+200+55)m。倒Y形主塔高172.3m,斜行钢丝斜拉索,主桥采用预应力混凝土主梁,全宽27.7m,梁高2.4m,断面为双边主梁形式。该桥于1999年10开工,于2002年9月26日建成通车。

(4)福州三县洲闽江大桥

福州三县洲闽江大桥,如图7-3-3所示,其主跨为238m独塔单索面混凝土斜拉桥。大桥全长577m,跨径不对称组合为(238+179)m,桥宽30m。倒Y形主塔高117.5m。塔、墩、梁固结体系,主梁采用预制拼装。该桥于1998年建成通车。

7 桥梁建筑造型

图 7-3-2　鄂黄长江大桥

图 7-3-3　福州三县洲闽江大桥

(5) 南京长江第三大桥

南京长江第三大桥,如图 7-3-4 所示,全长 4.744km,主桥采用主跨 648m 的双塔双索面钢塔钢箱梁斜拉桥。索塔采用顶天立地的"人"字形结构,高 215m,全钢塔身,它是国内第一座钢塔斜拉桥,也是世界上第一座弧线形钢塔斜拉桥。桥面铺装层采用环氧沥青。该桥于 2005 年 10 月建成通车。

图 7-3-4　南京长江第三大桥

(6)多多罗大桥

多多罗大桥如图7-3-5所示,其主跨890m,边跨分别为270m和320m,桥宽30.6m,双向4车道。当时曾多年占据世界上已建成斜拉桥的主跨第一名位置。其主跨采用带正交异性板及空气减阻装置的钢箱梁,梁宽25.3m,高2.5m,边跨采用预应力混凝土箱梁;塔高216.6m,为菱形。全桥共设168道斜拉索,每根斜拉索由168~394根、直径为7mm的镀锌钢丝组成。该桥于1990年开工,于1999年竣工。

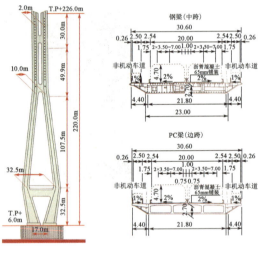
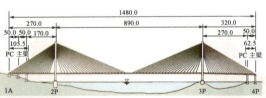

全长1480m,最大跨径890m,塔高约226m

桥型:钢-混凝土混合结构斜拉桥

图7-3-5 多多罗大桥(尺寸单位:m)

(7)南京长江第二大桥

南京长江第二大桥如图7-3-6所示,其南汊主桥为南、北对称的双塔双空间索面飘浮体系钢箱梁斜拉桥。跨径组合为(58.5+246.5+628+246.5+58.5)m=1238m,主跨628m。索塔呈倒Y形,高195m。北汊大桥为钢筋混凝土预应力连续箱梁桥,桥长2172m,主跨3×165m连续箱梁,主跨径在同类桥型中也居国内领先。桥面铺装层采用环氧沥青。该桥于2001年3月建成通车。

7 桥梁建筑造型

图 7-3-6　南京长江第二大桥

(8) 洞庭湖大桥

洞庭湖大桥如图 7-3-7 所示,其主桥为不等高三塔、双索面空间索、全飘浮体系的预应力钢筋混凝土肋板梁式结构的斜拉桥,跨径为(130 + 310 + 310 + 130)m。索塔为双室宝石形断面,中塔高 125.684m,两边塔高 99.311m。

图 7-3-7　洞庭湖大桥

(9) 芜湖长江大桥

芜湖长江大桥如图 7-3-8 所示,其主桥采用大跨径连续钢桁梁斜拉桥,开中国公铁两用斜拉桥的先河,主跨 312m,当时居国内公铁两用桥之最,建桥中采用低塔斜拉公铁桥,也是世界上首创。该桥为满足高速铁路运输,其荷载设计为中国公铁桥最大,铁路桥与公路桥荷载比为 6∶1,创国内公铁两用桥荷载比差之最;正桥钢梁首次采用中国最新研制的低碳中强钢——14 锰铌钢,其屈服强度高于

179

日本、德国同类桥梁。该桥水上基础施工中首次采用 3m 大孔径钻孔桩,成功攻克深水、动水、厚沙层钻孔难关,其孔径、桩深创中国之最。

图 7-3-8　芜湖长江大桥

(10)漳州战备大桥

漳州战备大桥如图 7-3-9 所示,是一座单索面的三跨预应力混凝土部分斜拉桥,其主跨长 132m,两个边跨各 80m,桥面宽 27m,采用了塔梁固结、塔墩分离的结构体系。

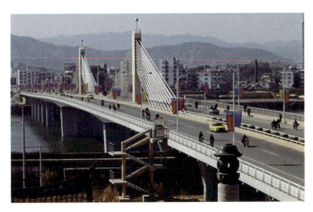

图 7-3-9　漳州战备大桥

(11)新疆果子沟大桥

果子沟大桥(Guozigou Bridge),如图 7-3-10 所示。其主桥为我国首座采用双塔双索面钢桁梁主梁的公路斜拉桥,桥跨组成为(170+360+170)m,是中国新疆维吾尔自治区境内高速公路通道——连霍高速公路(国家高速公路 G30)主要构成部分之一,是新疆重要民生工程,成为新疆地标性桥梁建筑。该桥于 2006 年 8 月 16 日动工兴建,于 2011 年 9 月 30 日通车运营。

图 7-3-10　新疆果子沟大桥

(12) 南澳大桥

南澳大桥，如图 7-3-11 所示。其位于中国广东省汕头市，西起于广东省汕头市澄海区莱芜旅游度假区，跨越后江湾海峡，经凤屿岛，东至南澳岛长山尾以平角口接入南澳环岛公路，是汕头市东北部的重要通道之一，也是连接汕头市与南澳县的重要桥梁，为广东省第一座跨海大桥。南澳大桥线路全长 11.08km，桥梁部分全长 9.342km，主跨采用 (125 + 238 + 125) m 的双索面 PC 部分斜拉桥结构体系。

图 7-3-11　南澳大桥

(13) 法国米约高架桥

米约高架桥如图 7-3-12 所示，该桥全长达 2.46km，只用 7 个桥墩支撑，其中 2、3 号桥墩分别高达 245m 和 220m，如果算上桥墩上方用于支撑斜拉索的桥塔，最高的一个桥墩则达到 343m，超过法国巴黎著名的埃菲尔铁塔 23m。站在大桥上向下俯瞰，桥底下是一望无际的云雾，整个大桥仿佛在云雾中横空出世，行走其间仿佛置身另一世界。

图 7-3-12　法国米约高架桥

(14) 瑞士桑尼伯格(Sunniberg)大桥

瑞士桑尼伯格大桥如图 7-3-13 所示，这是一座有着超低高度主塔、曲线桥面高高耸立的四塔斜拉桥。主桥跨径为 (59 + 128 + 140 + 134 + 65) m，桥墩最高为 62m，桥面以上塔柱高 15m，桥墩主塔轮廓呈抛物线形，梁高 0.8m，为混凝土柔梁矮塔斜拉桥。全桥墩、塔与主梁固结，显得简洁、精练。大桥与环境协调，山的稳重与桥的轻快，一刚一柔交相呼应，形成一道优美的彩虹。

图 7-3-13　瑞士桑尼伯格大桥

(15) 阳光高架桥(Sunshine Skyway Bridge)

阳光高架桥如图 7-3-14 所示，坐落于美国佛罗里达州的坦帕湾上，号称世界上最长的混凝土斜拉桥，全长 29040 英尺(约 8.85km)，连接佛罗里达州皮尼拉斯郡的圣彼得堡市与马纳蒂县的 palmetto 市，并跨穿希尔斯伯勒县的水域。该桥始建于1982年，并于1987年1月11日竣工，于4月20日开放通车。大桥由钢铁与混凝土建造而成，主跨为1200英尺（约366m），高出水面193英尺（约58.8m），车辆的驾驶员毫无遮挡地一览海湾美景。钢缆外的钢管被别具匠心地涂为亮黄色，以代表其所在地佛罗里达州（佛罗里达州亦被称为阳光州）。该桥优美的外形与炫目的色彩自建成之后即为其赢得盛誉。

图 7-3-14　阳光高架桥

7.4　悬索桥造型

悬索桥——桥梁家族中跨越能力最强的桥型之一，其雏形为三千年前在我国出现的笮桥（竹索桥）和藤索桥。现代悬索桥是由主缆、加劲梁、主塔、鞍座、锚碇、吊索等构件构成的柔性悬吊体系。悬索桥成桥时，主要由主缆和主塔承受结构自重，加劲梁受力由施工方法决定。成桥后，结构共同承受外荷作用，受力按刚度分配。

主缆是结构体系中主要承重构件，是几何可变体，主要承受拉力作用。主缆不仅可以通过自身弹性变形，而且可以通过其几何形状的改变来影响体系平衡，表现出大位移非线性的力学特征，这是悬索桥区别于其他桥梁结构重要特征之一。主缆在恒载作用下具有很大的初始张拉力，为后续结构提供强大的"重力刚度"，这是悬索桥跨径得以不断增大、加劲梁高跨比得以减小的根本原因。

桥梁建筑概论

主塔是悬索桥抵抗竖向荷载的主要承重构件，在恒载作用下，以轴向受压为主；在活载作用下，以压弯为主，呈梁柱构件特征。由于主塔水平抗推刚度相对较小，塔顶水平位移主要由中、边跨主缆平衡条件决定，因而，塔内弯矩大小取决于塔的弯曲刚度。

加劲梁是悬索桥保证车辆行驶、提供结构刚度的二次结构，主要承受弯曲内力。由悬索桥施工方法可知，加劲梁的弯曲内力主要来自结构二期恒载和活载。大跨径悬索桥加劲梁的挠度是从属于主缆的，随着跨径的增大，加劲梁的功能退化为将活载传至主缆，其自身抗弯刚度对结构刚度的影响也逐渐减小。

吊索是将加劲梁自重、外荷载传递到主缆的传力构件，是联系加劲梁和主缆的纽带，承受轴向拉力。吊索内恒载轴力的大小，既决定了主缆在成桥态的真实索形，也决定了加劲梁的恒载弯矩，是研究悬索桥成桥状态的关键。

锚碇是锚固主缆的结构，它将主缆中的拉力传递给地基，通常采用重力式锚和隧道式锚。重力式锚用自重抵抗主缆的垂直分力，用锚底摩阻力或嵌固阻力来抵抗主缆水平力。隧道锚则直接将主缆拉力传给周围基岩。在悬索桥结构分析中，常将主缆的锚固点作固定约束处理。

悬索桥计算理论的发展与其自身的发展有着密切联系，在竖向荷载作用下其结构分析理论可以划分为两大类：一是作为连续体分析的弹性理论、非线性膜理论——挠度理论及其简化方法——线性挠度理论，二是作为离散体分析的非线性吊杆理论和非线性有限元理论——有限位移理论。

现代悬索桥的跨径越来越大，从几十米发展到超过2000m；加劲梁高跨比越来越小，从1/40下降到1/300；主缆等主要承重构件的安全系数取值越来越低，从4.0左右下降到2.0左右。这就要求在设计悬索桥时，要精确合理地确定悬索桥成桥状态内力与构形；合理确定悬索桥施工阶段的受力状态与构形，以期在成桥时满足设计要求；精确分析悬索桥在活载及其他附加荷载作用下的静力响应，并需要进行抗风和抗震的动力响应试验和分析。

7 桥梁建筑造型

(1) 润扬长江公路大桥——中国现代桥梁建设的里程碑

润扬长江公路大桥如图 7-4-1 所示,是我国第一座由悬索桥和斜拉桥构成的组合型特大桥梁,全长为 35.66km,桥面平均宽 31.5m。该桥于 2000 年 10 月 20 日开工,于 2005 年 4 月 30 日建成通车。项目主要由南汊悬索桥和北汊斜拉桥组成。其中,南汊桥主桥是钢箱梁悬索桥,索塔高 215.58m,跨径布置为 (470+1490+470)m,建成时主跨跨径位居中国第一,世界第三。悬索桥主缆缠丝采用的是国内首次使用的"S"型钢丝,两根主缆直径为 0.868m,每根长 2600m;桥面铺装采用环氧沥青。北汊桥主桥是双塔双索面钢箱梁斜拉桥,跨径布置为 (175.4+406+175.4)m,倒 Y 形索塔高 146.9m,钢绞线斜拉索,钢箱梁桥面。

图 7-4-1　润扬长江公路大桥

(2) 日本明石海峡大桥

日本明石海峡大桥如图 7-4-2 所示,是一座三跨两铰加劲桁梁式悬索桥,主桥全长 3911m,主跨 1991m,为世界上已建成跨径最大的悬索桥。大桥于 1988 年 5 月正式动工兴建,于 1998 年 4 月 5 日建成通车。其间经受住了许多考验,包括 1995 年 1 月 17 日的阪神大地震。大桥原设计为全长 3910m,主跨径 1990m,但经过大地震后,大桥奇迹般地被延长了 1m。该桥建成以后二十多年曾经长期稳居世界第一大跨径悬索桥。

图 7-4-2　日本明石海峡大桥

(3) 青马大桥——香港新标志

青马大桥如图 7-4-3 所示,于 1992 年 5 月开始兴建,历时五年竣工。青马大桥横跨青衣岛及马湾,桥身总长度为 2200m,主跨长度 1377m,距离海面高 62m。桥塔高 206m,是当时全世界最长的行车、铁路两用吊桥。青马大桥于 1999 年荣获美国建筑界权威及编辑选为"二十世纪十大建筑成就奖"。

图 7-4-3　青马大桥

7 桥梁建筑造型

(4) 江阴长江大桥

江阴长江大桥如图 2-2-25 所示,为大跨径钢箱梁悬索桥,全长 3071m,主跨 1385m。桥面宽 33.8m;桥下通航净高 50m,可满足 50000 吨级的巴拿马型散装货船通航。主跨桥道梁采用带风嘴的扁钢箱梁结构,箱高 3m,箱总宽 36.9m。主缆缆索的垂跨比为 1/10.5,主缆由两根各两万多丝直径 5.35mm 的镀锌高强钢丝组成,采用平行钢丝束法架设。南北桥塔高 190m,为门式钢筋混凝土结构。塔基采用钻孔灌注桩方案,南塔位于南岸边岩石地基上,北塔位于北岸外侧的浅水区,由 96 根直径 2m 的桩群组成,采用筑岛施工的桩基础。南锚台为重力式嵌岩锚碇结构,北锚台为坐于土基上的重力摩阻锚碇结构。

(5) 金门大桥

金门大桥如图 2-3-5 所示,为简支钢桁梁悬索桥,主桥 1966m,主跨 1280m,建成于 1937 年,曾经保持了 27 年世界最大跨径的桥梁的纪录。该桥塔采用钢结构,水面以上塔高 227m,桥下净空 67m。主梁也为钢结构,桥面宽 27m,两个锚碇各重 54400t,被誉为近代桥梁工程的一项奇迹,也是著名的"自杀之桥"。

(6) 大带桥

大带桥如图 7-4-4 所示。其位于丹麦的 Funen 岛和 Zealand 岛(哥本哈根所在处)之间,全长17.5km。大桥工程由 3 个部分组成:跨越东航道的一条铁路隧道,一座高速公路高架桥和一座公铁两用桥。公路桥全长 6.8km,是一座主跨 1624m、两边跨各为 535m 的悬索桥。4 车道桥面,塔高 254m。加劲梁为扁平钢箱,分段运至桥下后吊装焊接就位。该桥于 1998 年 6 月 14 日竣工通车。

图 7-4-4 大带桥

(7) 亨伯桥

亨伯桥如图 7-4-5 所示，全长 2220m，主跨 1410m，桥面宽 28m。加劲梁为梯形钢箱梁，宽 22m、高 4.5m。每个箱梁预制节段长 18.1m，由加劲的钢板组成。桥塔采用由横梁联系的钢筋混凝土空心双塔柱，高 155.5m，滑升模板施工。主索由平行的 14948 根直径 5mm 的冷拔镀锌高强钢丝组成，用空中编缆法架设。

图 7-4-5　亨伯桥

(8) 博斯普鲁斯海峡第二大桥

土耳其博斯普鲁斯海峡第二大桥如图 7-4-6 所示，为加劲钢箱梁悬索桥，桥长 1510m，主跨 1090m，边跨 210m，主塔为单格型断面的门形钢塔结构，塔高 110m，桥面宽 29.4m，加劲钢箱梁宽 33.8m，于 1988 年建成。

图 7-4-6　博斯普鲁斯海峡第二大桥

(9)南备赞濑户桥

日本的南备赞濑户桥如图 7-4-7 所示,为三跨连续加劲桁梁双层公铁两用桥。主跨 1100m,跨径组合为(274 + 1100 + 274)m,桥宽 30m,塔高 109.4m,加劲桁梁高 13m,于 1988 年建成。

图 7-4-7　南备赞濑户桥

(10)万州长江二桥

万州长江二桥如图 7-4-8 所示,为钢桁架结构悬索桥,全长 1153.86m,宽 20.5m,桥跨布局形式为(7×40 + 580 + 7×40)m。万州长江二桥为当时国内最大跨径的钢桁加劲梁悬索桥,北锚碇为当时世界第一的复合式隧道锚碇。该桥于 2004 年 10 月通车。

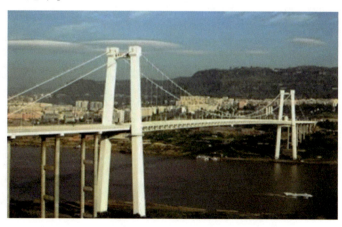

图 7-4-8　万州长江二桥

(11) 汕头海湾大桥

汕头海湾大桥如图7-4-9所示，全长2500m，主桥为预应力混凝土悬索桥。主跨452m，跨径组合(154+452+154)m，通航净高46m，桥面净宽23.8m，主缆直径550mm，加劲梁为预应力混凝土箱梁，双向预应力薄壁结构，宽26.25m，长5.7m，高2.2m，每段重170t，是我国第一座大型预应力混凝土悬索桥，于1995年建成。

图7-4-9　汕头海湾大桥

(12) 墨西拿海峡大桥

墨西拿海峡大桥如图7-4-10所示，连接西西里岛和意大利半岛上的卡拉布里亚区，为双塔单跨钢加劲箱梁悬索桥。该桥全长3666m，主跨3300m，若能够开工建设，建成后将成为世界跨径最大的悬索桥。

图7-4-10　墨西拿海峡大桥

墨西拿海峡大桥为公路铁路两用桥，采用三箱流线型截面，其中2箱供机动车通行，1箱供火车通行，结构具有理想的气动性能。钢索长5300m，塔高达400m，桥址位于地震活动频繁区，抗震稳定性尤为重要。

(13) 西陵长江大桥

西陵长江大桥如图7-4-11所示，位于三峡大坝中轴线下游4.5km处，是长江上的第一座悬索桥，为单跨900m的钢箱梁悬索桥。大桥全长1118.66m，桥宽18.5m，双向四车道，主跨900m。该桥于1996年8月竣工通车。

图7-4-11　西陵长江大桥

(14) 宜昌长江公路大桥

宜昌长江公路大桥如图7-4-12所示，为双塔单跨钢箱梁悬索桥，全桥长1120m，宽26m，主跨960m。加劲行车道主梁为类似鱼鳍形扁平钢箱梁结构，全宽30.0m，中心梁高3m，高宽比为1∶10。主缆跨径为(246.255+960+246.255)m，主缆矢跨比为1/10；锚碇均采用重力式钢筋混凝土锚碇。该桥于2001年竣工通车。

图7-4-12　宜昌长江公路大桥

(15) 英国伦敦塔桥

英国伦敦塔桥(Tower Bridge),如图7-4-13所示,是一座上开悬索桥,位于英国伦敦,横跨泰晤士河,因在伦敦塔(Tower of London)附近而得名,是从泰晤士河口算起的第一座桥(泰晤士河上共建桥15座),也是伦敦的象征。该桥始建于1886年,于1894年6月30日对公众开放,将伦敦南北区连接成整体。

图7-4-13 英国伦敦塔桥(Tower Bridge)

英国伦敦塔桥的设计在世界桥梁建筑业中有一定地位。两岸两座用花岗石和钢铁建成的高塔,高约60m,分上下两层。上层支撑着两岸的塔,下层桥面可让行人通过,也可供车辆穿行。如果巨轮鸣笛而来,下层桥面能够自动往两边翘起,此时行人可改道从上层通过。桥内设有商店、酒吧,即使在雨雪天,行人也能在桥中购物、聊天或凭栏眺望两岸风光。

7.5 立交桥造型

7.5.1 匝道桥造型

匝道桥造型集锦如图7-5-1所示。

7 桥梁建筑造型

图 7-5-1

图 7-5-1　匝道桥造型集锦

7.5.2 跨线桥造型

(1)平原区跨线桥

平原区跨径小而且桥台靠近车道、桥墩设置在中间带上(图7-5-2)的跨线桥,对驾驶员有栅门的作用,使其视野狭窄,感觉必须从一个窄门中间通过。在暴风雨天气,小汽车可能因两个实体桥台之间狭窄的通道产生风力的突然改变而改变行驶方向,发生危险。这种结构,在技术方面是可接受的,但对车辆运行有一种不利影响。诚然,如果高速公路在每个方向上都有3~4条车道,甚至有6条车道,则这种中间桥墩是不可避免的。那么,应力求将上部梁设计得尽可能纤细,如图7-5-3所示,是4车道高速公路上的跨线桥,上部构造主要是梁或板,其桥台之间的距离从28m增加到了32m,而梁是纤细的,同时路堤的斜坡也降低了,即使这些细微的比例变化也给人产生一种更受欢迎的印象。

图 7-5-2　中央分隔带设墩的笨重钢筋混凝土跨线桥

图 7-5-3　预应力混凝土梁

如果可能的话，应在道路中间带不设桥墩，建造具有较宽视野的长跨桥梁，如图 7-5-4 所示，较平坦的结构尺寸进一步增添了桥梁的纤细外貌，在高速公路路边的桥墩和放到路堤上的小桥台之间有一个小边跨，且这些边跨不应太短，以便获得良好的外观效果。这种桥看上去比较长、障碍物向后缩，使视野更加开阔。

图 7-5-4　没有中间桥墩的三跨桥梁

刚构桥有助于桥梁实现长跨，它比梁桥更精美。在绕德国柏林的高速环路上，具有良好外形的刚构桥，是一个典型例子，又称之为"门式桥"（图 7-5-5）。尽管该桥使用了钢筋混凝土，但看上去仍是纤细的。这个印象的获得是借助于使刚构的腿柱比梁的高度厚些和一条弯曲的梁底线。实体翼墙凹进去，有助于达到它的良好外貌，若刚构桥腿柱窄细，其外貌看上去就不漂亮。该桥梁是受比例影响的一个良好实例。使用刚构桥，其翼墙的尺寸最好要小，而且斜坡下的刚构桥腿柱最好向路中倾斜，可使桥跨得以缩短，则桥梁比较美观，如图 7-5-6 所示。

图 7-5-5　柏林高速公路上的跨线桥

图 7-5-6　带有小翼墙的刚架桥

对次要道路来说,竖向曲线的曲率半径若选为 3000m,则曲线是明显的,这里三跨的弯曲底边线看上去很好(图 7-5-7)。在这种情况下,将桥墩直接与梁相连,并向下逐渐变细是合适的,使用 V 形墩也富有成效(图 7-5-8)。

图 7-5-7　变截面三跨连续刚构

图 7-5-8　具有 V 形墩的三跨刚架桥

(2)山区跨线桥

在丘陵地区或山区,高速公路通过路堑时,斜坡决定拱桥的选择。拱从斜坡起拱,跨越整个高速公路路基。当天然石料合格时,这种拱桥可建成圬工桥(图 7-5-9)。圬工拱的石层层高要选择好,在拱顶,以一个略微挑出的板收束墙面。栏杆简单而朴实,使拱顶看上去轻巧。

图 7-5-9　圬工拱跨线桥(1)

另一座圬工拱桥,如图 7-5-10 所示,为带有腹拱的板拱桥,这些腹拱跨径较小,而主拱上的墩柱相对较大,从尺度和比例配合上讲,这就不是一个比较好的选择。钢筋混凝土拱桥也许能够成为令人愉快的形式。如果交叉口不太高,拱又是平坦的话,那么,在拱顶处使桥面板与拱相连,可增加其纤细感(图 7-5-11)。在狭桥上,支承桥面板的横隔墙看上去比立柱更自然。如果桥面只有一块悬臂板的话,那么,这种拱本身可能是窄的。横隔墙的间距不应太大(5~7m),以便桥面板做得薄些,可以清楚地看出拱是主要承重结构。靠近拱的起拱点的上边缘,常设立柱或横隔墙,以帮助推力向下偏斜,而图 7-5-12 中的桥并非如此,看起来并不协调。

图 7-5-10　圬工拱跨线桥(2)

7 桥梁建筑造型

图7-5-11　路堑内的拱式跨线桥，立柱墙放在起拱点处

图7-5-12　拱式跨线桥，立柱放错了位置

图7-5-13中富有吸引力的坦拱上的桥面板仅支承在整个拱脚和拱顶上。当我们驱车在高速公路上时，由于这种拱桥改变了由梁桥产生的单调感，因而受到欢迎。

图7-5-13　跨越高速公路的坦拱桥

对于不适宜设置桥墩的斜坡地段，用一个拱支承着桥面，以大跨一次跨过公路（图7-5-14）。大的立柱力产生拱的多边形推力线，这里以精巧的方法予以圆顺，使"拱"的印象得到"保留"。双铰拱的拱脚断面薄，拱顶断面厚，在这里，它比

| 199

桥梁建筑概论

固端拱更加适合。该处的外貌是令人信服的。

图 7-5-14　跨越高速公路的一座高拱桥

图 7-5-15 所示为一座畸形的拱桥。的确,人们实实在在地看到,因为拱上的重梁结构传力没有处理好而感到痛苦。结构形式应遵循的基本原则是力的传递,这里被忽视了。

图 7-5-15　一座畸形的桥

图 7-5-16 中的高速公路上的钢拱桥是最优秀的跨线桥之一。该桥仅 6m 宽,只需 1.5m 宽的拱肋支承在纤细的独柱上,给人以很轻的外观。其拱跨长达 60m。

7　桥梁建筑造型

图 7-5-16　某高速公路上的优美钢拱桥

现在,斜腿刚构取代拱桥而大量修建。从斜坡上撑出斜腿,像拱一样,并允许支承很纤细的梁,图 7-5-17～图 7-5-20 显示的是具有不同比例的斜腿刚构桥。对斜腿刚构桥来说,其最好的形式是从底脚到梁断面逐渐由薄到厚,而且应有弯曲的底边线,显然图 7-5-20 的立交桥造型是最佳的。

图 7-5-17、图 7-5-18 为典型的跨线斜腿刚构桥,但它们的比例不是最好的。图 7-5-19 所示的斜腿刚构桥造型良好,图 7-5-20 是一座德国高速公路上的高斜腿刚构桥,其修建在一个很高的交叉口处,是一座给人印象很深的斜腿刚构桥。

图 7-5-17　造型不好的斜腿刚构桥

201

桥梁建筑概论

图 7-5-18　造型不好的斜腿刚构桥

图 7-5-19　造型好的斜腿刚构桥

图 7-5-20　造型优美的高斜腿刚构桥

7.6 特色桥梁造型

特色桥梁造型集锦如图 7-6-1 所示。

图 7-6-1

桥梁建筑概论

图7-6-1 特色桥梁造型集锦

参考文献

[1] 项海帆.桥梁概念设计[M].北京:人民交通出版社,2011.

[2] 唐寰澄.中国古代桥梁[M].北京:中国建筑工业出版社,2011.

[3] 张师定.桥梁总体设计构思[M].成都:西南交通大学出版社,2017.

[4] 鲍家声.建筑设计教程[M].北京:中国建筑工业出版社,2009.

[5] 李必瑜,杨真静.建筑概论[M].北京:人民交通出版社,2009.

[6] 刘舒婷,朱广宇.中外建筑史[M].北京:中国建筑工业出版社,2009.

[7] 交通部.新理念公路设计指南[M].北京:人民交通出版社,2005.

[8] 邓庆坦,邓庆尧.当代建筑思潮与流派[M].武汉:华中科技大学出版社,2010.

[9] 王应良,高宗余.欧美桥梁设计思想[M].北京:中国铁道出版社,2008.

[10] 莱昂哈特.桥梁建筑艺术与造型[M].北京:人民交通出版社,1988.

[11] 樊凡.桥梁美学[M].北京:人民交通出版社,1987.

[12] 蒋宇,孙军.论中国古代廊桥的生态美学思想[J].公路,2020(2):4.

[13] 蒋宇,孙军.中国传统美学思想对桥梁景观美学的启示[J].公路,2020,65(3):5.

[14] 刘德宝,张红星.中国桥梁美学研究的思考[J].市政技术,2020,38(2):5.

[15] 张佳晶.作为桥梁的建筑与作为建筑的桥梁[J].新建筑,2020(4):5.

[16] 梁远.桥梁建筑美学与房屋建筑美学的异同点分析[J].黑龙江交通科技,2020,43(5):3.

[17] 鹿健,周珂,曹妍,等.桥梁设计中的美学应用分析[J].安徽建筑,2020,27(10):2.

[18] 宋福春,翟雪松.城市人行天桥美学设计[J].北方交通,2020(2):3.

[19] 赵兴中.道路桥梁设计中色彩元素的运用分析[J].建筑技术开发,2020

(14):2.

[20] 宋福春,李光宇,李正坤,等.结合衍生式设计与桥梁美学在桥梁设计中的应用[J].北方交通,2020(3):15-18,23.

[21] 强玮怡.视觉原理在城市桥梁方案设计中的运用[J].价值工程,2020,39(5):3.

[22] 孙小鸢,瞿以恒,刘伟庆,等.某木结构景观桥梁结构设计与分析[J].公路,2020(2):6.

[23] 简佳峰,孙文涛.桥梁景观设计与环境协调性的探讨[J].科技资讯,2020,18(13):3.

[24] 王迎春.中大型桥梁景观设计之浅见[J].建材与装饰,2020(8):2.

[25] 余恩跃.城市建设中的桥梁景观设计分析[J].智能城市,2020,6(16):2.

[26] 朱丽丽,钟恒.基于城市桥梁 CI 设计的环形天桥景观设计[J].北方交通,2020(6):3.

[27] 陈建军.江阴黄田港景观桥方案构思[J].山东交通科技,2020(5):2.

[28] 付鹏飞.江阴毗邻路景观桥方案设计构思[J].山西交通科技,2020(1):3.

[29] 杨阳,张建军,关彦超,等.浅谈城市桥梁景观方案设计[J].城市道桥与防洪,2020(3):4.

[30] 王琳,李龙,施文杰.市政桥梁景观设计探讨[J].工程与建设,2020,34(1):3.

[31] 屈安琪.我国城市桥梁景观设计的内涵诠释及发展趋势[J].美与时代(城市版),2020(9):48-49.

[32] 杨云安,褚东升.湛江世贸人行天桥的景观特点分析[J].中外公路,2020,40(2):4.

[33] 黄伟福.新建库区景观桥梁桥型的构思与设计[J].福建交通科技,2020(1):3.

[34] 贾艳敏,陆书航.新疆塔里木河桥梁景观设计[J].东北林业大学学报,2020,48(6):4.

[35] 刘显夫.简单分析建筑设计与景观设计的融合[J].科技创新与应用,2020

(30):2.

[36] 曹兴,付洪柳.城市旧桥景观改造方法研究[J].世界桥梁,2020,48(4):5.

[37] 俞倪圣洁.低价高效地改造校园景观桥[J].上海建设科技,2020(2):3.

[38] 杨登锋.中小城市景观桥梁群设计方法探讨——以某城市跨河景观桥梁群设计为例[J].城市道桥与防洪,2020(2):5.

[39] 韩雨瞳,孟召宜,沈思展,等.徐州运河桥梁景观特征及其保护利用策略[J].江苏师范大学学报(自然科学版),2020,38(3):5.

[40] 胡辛.淮南市楚都大道总体设计[J].城市建筑,2020,17(21):4.

[41] 张可永.闽浙木拱廊桥建筑的文化特质[J].建筑,2020(1):4.

[42] 黄韬.人字形景观独塔斜拉桥设计分析[J].城市道桥与防洪,2020(4):4.

[43] 杨乐杰.中承式系杆拱桥景观构思及结构设计[J].中国市政工程,2020(4):5.

[44] 方亮.加强生态环境保护 实现人与自然和谐发展[J].中国科技信息,2006,(12):56-57.

[45] 左燕.论人与自然和谐发展的重要性[J].社会科学动态,2019(1):3.

[46] 王丽霞.对人与自然和谐发展的思考[J].辽宁经济管理干部学院(辽宁经济职业技术学院学报),2014(1):31-32.

[47] 佘远富.科学发展观视野下的人与自然关系[J].扬州大学学报(人文社会科学版),2007,11(5):6.

[48] 沈建军,武丽英,祁利明,等.树立科学发展观,促进人与自然和谐发展[J].资源与产业,2009,11(6):44-47.

[49] 张国祺.生态文明:人与自然和谐发展之路[J].成都工业学院学报,2014,17(1):12-14.